U0118020

· 全新修订 ·

复盘＋
（第3版）

把经验转化为能力

邱昭良◎著

机械工业出版社
CHINA MACHINE PRESS

图书在版编目（CIP）数据

复盘＋：把经验转化为能力 / 邱昭良著 . —3 版 . —北京：机械工业出版社，2018.8
（2023.7 重印）

ISBN 978-7-111-60576-8

I. 复… II. 邱… III. 企业管理 - 研究 IV. F272

中国版本图书馆 CIP 数据核字（2018）第 164912 号

复盘＋：把经验转化为能力（第 3 版）

出版发行：机械工业出版社（北京市西城区百万庄大街 22 号 邮政编码：100037）
责任编辑：孟宪勐
责任校对：殷 虹
印　　刷：北京联兴盛业印刷股份有限公司
版　　次：2023 年 7 月第 3 版第 22 次印刷
开　　本：147mm×210mm 1/32
印　　张：10
书　　号：ISBN 978-7-111-60576-8
定　　价：69.00 元

客服电话：（010）88361066　68326294

目录
·Contents·

赞誉
·PRAISE·

在中国经济转型和产业结构升级的情形下，面对技术发展，经济、社会和自然环境的复杂变化，管理创新和治理创新已经落后于技术创新，这对企业的管理和治理提出了严峻挑战。复盘作为一种管理方法和学习机制，是企业追求创新和实现转型升级的关键选择，近年来正受到越来越多企业的欢迎。邱昭良博士的《复盘＋》适时推出，有助于个人和组织把经验转化为能力，助力其实现快速迭代和优化。与此同时，环境的变化和竞争的激烈化使得网络组织和网络治理成为有效的资源配置方式，《复盘＋》关于信息搜集和信息处理的观点，对于大数据时代探讨"网络治理风险"和"精准治理模式"同样具有启示意义。

——李维安　长江学者特聘教授、中国公司治理研究院院长

经验教训是企业最有价值的战略知识资产，而复盘是获取这些知识资产最重要的途径和方法。联想、万达、华为等企业将"复盘"作为组织学习、成长与反思的重要方法论，其间获益良多。在实践中，如果经验教训难以转化为企业的能力，那将是企业最大的资产流失。邱昭良博士长期深耕这一领域，是国内复盘领域的顶级学者和操盘手，在很多企业都有丰富的实战经验。《复盘＋：把经验转化为能力》是非常有价值的学习指导书，

我们十分期待第 3 版的到来。

——董小英　北京大学光华管理学院副教授、博士生导师

在高度不确定的时代，各级决策者都面临着巨大的挑战。在多年的管理教育改革中，我一直在思考和观察，哪些方法对经理人应对不确定性的挑战最为有效。从我们的实践经验来看，反思学习、行动学习和复盘是值得推荐的三大教学方法。特别是复盘这种方法，它能有效地把组织内的经验快速转化为能力，也是组织创新的源泉。就我所知，目前很多中国一流企业都在运用复盘。推荐大家阅读邱博士的《复盘＋》，它一定会让你受益良多。

——邹宇峰　中国人民大学商学院院长助理、EMBA& 高管培训中心主任

当今的商业环境变化越来越快，因此更加需要快速的学习能力，而复盘作为一种及时、高效的学习方式，正受到越来越多企业和个人的欢迎。感谢邱博士的这本专著。我和邱博士相识多年，一直很钦佩他的探究精神，这本书就展现了这点：对复盘做了系统的阐述，全面而翔实，既有理论分析，又有实操指导，可谓是有关复盘的权威著作。

——马永武　腾讯学院院长

以联想为代表的众多知名企业正在使用复盘技术来提高组织绩效，而如何利用复盘完善人才发展机制、打造学习型组织，也是不少企业大学关注的问题。邱博士在复盘和系统思考领域耕耘多年，既有源于实践的体系化思想，又有独树一帜的新颖观点，这在本书中可见一斑，值得品味。

——付伟　中国银联支付学院院长

身处"VUCA"时代，个人成长与组织发展都面临日益复杂的挑战，我们既要把握趋势，找准定位，又要抓住关键，不断迭代。而要做到全局

与焦点的有机结合，复盘无疑是一种非常有效的方法，它不仅能够帮助我们系统总结成功经验，把潜在的经验转化成显性的能力，更能有效地促进我们去深入反思问题和教训，关注和挖掘实践中的盲点，从而推动个人和组织实现持续的、真正的突破和创新。因此，邱昭良博士的这本《复盘＋》值得推荐。

——王晓波　中国工商银行杭州金融研修学院原副院长

从根本上看，组织学习要解决两个转化：一是将组织层面的要求、群体的智慧转化为个体的能力；二是将组织中个体（特别是优秀个体）的经验和智慧转化为组织的能力和群体的共有智慧。邱昭良博士的《复盘＋：把经验转化为能力》经过大量实践、反复打磨，已经将这两个维度的转化融为一体，成为组织学习的核心机制与重要利器，不仅有助于个人在浮躁、信息过载和碎片化学习的时代，进行深入、系统的反思，实现能力提升，而且真正将那些难能可贵的隐性知识进行系统转化，激发组织的创新与持续改善能力。

——章林　中国银行上海国际金融研修院副院长

就像邱博士所说：复盘可以"把经验转化为能力"，以"赋能"为己任的企业大学，天然就应该成为"复盘"的操盘手。近年来，招银大学不仅在多个层面上应用了复盘这一工具，包括产品研发、学习项目实施，而且在行内普及推广这一易学好用的管理工具，成效显著。《复盘＋：把经验转化为能力》不仅可以帮助大家更好地掌握复盘的"手法"与"心法"，而且为如何在企业内应用和推广复盘提供了行动指南，是企业大学和各级管理者的必备读物。

——李晓欣　招商银行招银大学副总经理

质疑、反思、行动是个人和组织成长的关键，华润大学倡导的行动学习就非常注重这三方面的实践。邱博士的力作《复盘＋：把经验转化为能力》

中倡导的复盘方法，是行动后系统、深入地质疑与反思，并将学到的经验教训指导后续行动，是团队学习、集体反思与质疑、经验萃取的最佳工具。我相信，复盘方法的长期应用将会有效地促进组织进步和个人成长。

—— 刘立栋　华润集团人力资源部高级副总监、华润大学负责人

《复盘＋：把经验转化为能力》一书是邱博士多年管理研究和一线实践的总结与提炼。它既根植于严谨的理论，有完备的体系，又简明扼要、易于操作。在当今创新求变的时代，对于企业寻找更多机会、规避风险、提高运营效率，都具有很强的指导意义。我们有幸邀请到邱博士，对公司中高层管理者进行了复盘管理方法的系统培训和应用指导，大大提高了管理者的计划实施、跟踪评估、动态调整的运营能力与效果。我们也亲身感受到，复盘不仅仅是一种管理方法，更是一种思维方式，可以推进企业学习与经验萃取，建立反思、分享、包容、合作以及创新的文化。我相信，坚持复盘的学习与实践，必将让你的工作和企业发展，展现出无限的魅力。

——包小阳　如家酒店集团资深副总裁、首旅如家大学校长

2016 年，邱博士来小米进行"复盘"培训时，让我感到好奇的一个细节是：每逢学员提问，邱博士总是拿出一个笔记本，快速记录下问题，再从容睿智地解答学员的疑问。我实在忍不住好奇，问邱博士做记录的用途，邱博士从容地回答道："收集问题，积累素材，课后用于复盘、迭代课程。"这个答案在我心中引起了巨大震动，不仅因为邱博士的《复盘＋：把经验转化为能力》一书已畅销多年，还因为他的课程在各大企业口碑不凡，在这种情况下，邱博士还在持续复盘、迭代，这才是真正的知行合一，是值得我们学习的一种精神境界和存在状态。此后，复盘方法论不仅在小米被大范围应用，我也习惯每堂课程，把每个学员的问题都记录下来，供自己课后复盘。

——亓文凯　小米全国培训总监

潮宏基从 2014 年接触"复盘"这个方法，我就告诉大家一定要把"复

盘工作常态化",作为我们管理的一个重点工作来抓。事实证明,这个方向是对的。经过四年多的实践,现在可以说,"复盘"在潮宏基已经成功"落地",被正式纳入公司的业务流程和文化读本,是潮宏基管理方法论体系中的一个重要组成部分。同时,我发现复盘也已经成为我们各级各类会议上的高频词汇。更重要的是,它已经内化为潮宏基干部员工的一种做事习惯。我们非常感谢在中国首创这一管理思想的柳传志先生,也非常感谢给我们传经送宝的邱昭良博士!邱博士既有理论功底,又有实操经验,我相信这类兼顾理论高度与实战深度的著作对我们做企业的人最有帮助!

——廖创宾　广东潮宏基实业股份有限公司总裁

在新经济时代,创造力是企业创造财富的核心力量,而复盘是持续激发企业创造力的有效方法之一。复盘既是"温故",向自己、向团队、向过往经验学习的过程,又是"知新",面向未来、应对不确定性、不断创新的过程。复盘让创新有章可循,不断将经验转化为组织能力,助力企业持续进步。邱昭良博士的专著《复盘+:把经验转化为能力》有着深厚的理论依据,并以丰富而深入的实践为基础,内容通俗易懂、实战性强,对企业有效实施复盘提供了宝贵指南,正中集团积极应用复盘方法并取得了非常好的效果。感谢邱博士的指导!

——邓学勤　正中投资集团有限公司总裁

对于地产开发项目来说,鲜有重来一次的机会。我们一直在寻找方法让项目实施过程中的成功经验和失败教训能够被有效传承,从而提升团队的综合实力和管理者的管理能力,持续改善客户体验,贴近客户的期望,为客户带来更多的惊喜。感谢邱博士帮助我们导入了结构化、系统化的复盘总结方法。通过对重点项目进行复盘,我与团队一起寻找成功的关键要素,避免无意义的成功,总结有意义的失败,挖掘问题表象背后的关键因素,整个复盘过程很好地促进了团队的成长。现在复盘对于我们团队来说不仅仅是一个概念或方法论,它已经成为常规工作和管理工作的一部分。

——孔繁琢　远洋商业有限公司副总经理

面对激烈的市场竞争，任何企业都必须打破旧的规则和思维定式，快速创新、应变。通过深入而到位的复盘，我们不仅能找出已经失效的做法，分析失败的根本原因，不犯过去的错误，而且能够发现事物背后的本质规律和成功的关键要素，顺势而为，未战而先胜。从这种意义上讲，从成功或失败中学到经验教训，让成或败成为你迈向成功道路上的资产，才是最有价值的。

——王晓岩　联想集团前高级副总裁

在经济"新常态"下，包括水泥在内的许多行业形势日趋严峻。要想走出困境，必须大力加强内部挖潜，向管理要效益。西南水泥的实践表明，复盘是简单、易行、有效的管理方法，对于整合优化、降本增效、风险管控、提高效率等具有直接的作用，也是建设学习型组织的重要手段。我们要善于复盘，从中总结规律，对取得的经验进行进一步提炼丰富、固化推广，使之成为公司稳健发展的长期驱动力。我推荐大家学习并应用复盘这种方法。

——白彦　西南水泥有限公司执行总裁、四川西南水泥有限公司总裁

邱昭良博士无论在一线企业实操经验方面，还是理论功底方面，都是国内最优秀的学习型组织专家，而柳传志先生提出的"复盘"这一管理方法，正是他多年实践并持续深入研究的重要学习型组织工具之一。作为邱博士的力作，《复盘＋：把经验转化为能力》一书自面世以来，多次再版，本身就是不断复盘、持续提升能力的生动验证。

——张涛　万国体育 CEO

不论是个人还是组织，成长道路上最大的挑战是认知遮蔽，就像古诗所讲"不识庐山真面目，只缘身在此山中"。对此，复盘是一种能有效地打破认知遮蔽的学习工具，但我在实践中发现，个人和团体要想真正把复盘做到位，突破自我认知局限，找到造成问题的真实原因，有勇气去面对挑

战，并且找到有创造性的解决方案，并非易事。邱昭良博士的《复盘 +：把经验转化为能力》在总结大量实践经验的基础上，结合他多年来对组织学习、系统思考和心智模式改善等"内功心法"的"修炼"，可以给实践者带来高人指路、醍醐灌顶的"开悟"效果。这是更高阶同时也更难实现的复盘境界。

——冯新　碳 9 加速器创始人

邱昭良博士在学习型组织建设理论研究与实践领域有着深厚的积淀，他的力作《复盘 +：把经验转化为能力》经过大量企业实践的验证和精心打磨，多次再版，值得推荐。事实上，无论是我们自己的实践，还是很多正在使用复盘工具的行业领军企业，通过复盘的结构化思维和流程化工具，都可以快速实现隐性知识显性化，总结和反思企业经营管理中的经验教训，取得了很好的效果。相信在中国崛起的历史进程中，会有越来越多的企业通过复盘不断从自身特色实践中总结管理智慧，推动中国式管理走向世界。

——杨智伟　中国大连高级经理学院科研部
（中国国有企业研究院）副主任、案例研究中心主任

复盘 +：知识旋转 行稳致远

面对 20 世纪 80 年代日本企业的兵临城下，美国管理学者汤姆·彼得斯及其合作者写了本《追求卓越》，以乐观的情绪和不算特别清晰的逻辑告诉美国人：我们行！随后 30 年美日经济的此消彼长似乎阴差阳错地验证了彼得斯的预言。迄今为止，伴随着互联网革命崛起的美国硅谷精神（工程师思维、技术崇拜、创业神话等）和德国制造、日本精益管理等思想，一起构成了全球管理理论版图中最为鲜明的地标。这么说，一方面表明管理学的确是一门非常年轻的学科，另一方面表明，我们有充足的理由相信中国企业家和研究者也必将在这个版图中写下浓墨重彩的一笔。发端于联想实践、由邱昭良博士发扬光大的"复盘 +"模式如期而至，令人欣喜。

中国管理学派什么时候才会真正诞生？对此问题，中国管理学界不无精神焦虑与压抑、思维躁动与泡沫。比如，基于中国传统文化的"儒家代理观""道家战略思维""孝道领导力"等论说，因理解差异、作者功力、表达形式等原因，总让人有"不深入""不解渴""不过瘾"的感受，大多并不能获得学界认可、业界共鸣，遑论与西方对话从而形成积极的国际影响。其实很多优秀的中国公司正在成长，很多卓越的管理创新正在发生和传播，比如海尔的"人单合一"，华为的"以奋斗者为本"，阿里巴巴的"未来已来"，小米的"生态链"等。改革开放 40 年的经济管理发展为我们提供了足够丰富的实践经验，20 多年来的世界信息技术变迁更让我们拥有了中西方比较研究的充足样本和便捷手段。从实践到理论创新的过程要求我们具备一种汲取"源头活水"而成就"一鉴方塘"的能力，邱昭良博士做到了。他的《复盘 +：把经验转化为能力》一书所展现出来的基本逻辑过程对管理者和学者都充满魅力：实践经验→思考→知识→能力→实践智慧。我建议读者务必认真理解"思考"这一环节的重要性，事实上"复盘"能否产生良好的效果，根源即在"思考"，这也是作者反复强调"内功心法"的原因所在。这里的"思考"确切地说是指"反思"，反思结果，反思过程，反思前提，反思场景，反思组织，反思逻辑。质疑而反思，反思而生智而赋能。由此可见，本书以"把经验转化为能力"标注复盘 +，绝非营销口号。

　　不知为何，读罢《复盘 +：把经验转化为能力》一书，我想起了最近各新媒体平台比较火热的埃隆·马斯克坚持的"第一性原理"。表面看上去，马斯克和乔布斯一样，做了看似不是创新的事情——电动汽车、火箭发射、太阳能等，每个领域都早有先行者，但马斯克却能从事物最基本的原理出发，在一个行业里从几乎完全"无知"做到极致、高效、经济，甚至创新。复盘的本质是一种对实践的反思，是一种从成败经验中学习知识、培养能力进而指导实践的过程，是一个典型的"实践—理论—实践"的知识"旋转门"。"复盘"和"第一性原理"异曲同工，都强调直接面对实践，从切身实践中强化、转化头脑中的固有知识，提炼新的真知灼见，校准矫正，专精成长，从而实现管理进步。

　　邱昭良博士毕业于南开大学商学院，作为他的师友，看到他数年坚持为中国管理实践和理论创新所做的努力和成绩，由衷高兴与自豪。与实践共振、共创、共融，是成就中国管理学派的必由之路，跟随《复盘 +：把经验转化为能力》的导引，我们可以行稳致远。

白长虹

南开大学商学院院长、教授、博士生导师

《南开管理评论》主编

首先热烈祝贺邱昭良博士的新书出版。

在我看来，本书的意义有二：

其一，推广复盘理念，善莫大焉。

我非常赞同联想控股总裁朱立南先生倡导的以学习为生活方式，而复盘就是一种最主要的学习方式。不论是灵魂和精神层面的修行，还是物质方面的技能，没有人生来就掌握，只能靠后天的学习。

学习有三种方式，第一种是向前人学，通过读书，我们可以学习到前人总结的理论、经验教训；第二种是向先进学，古语云：三人行，必有我师焉。身边的人任何一点比我们强的地方，我们都用心观察、细细品味，知其然亦知其所以然，汲取之；第三种学习方式，也是最重要的学习方式，就是通过复盘向自己学，大事大复盘，小事小复盘，随时随地复盘。善于学习的人，每天都在汲取周边的营养，让自己更强大；不善于学习的人，如同逆水行舟，不进则退。

其二，从实操层面推广复盘，功莫大焉。

　　世上之事，说说容易做到难，学理论容易实践执行难。在我看来，复盘不仅是一种理论，更是一种方法论，而且是基础方法论，不但是我们思考问题以及解决问题的方法，更是让 80% 的人在 80% 的情况下达到 80 分的方法，让每个人都掌握这种方法论是每位领导者梦寐以求的事。本书立足于实操，我相信对此必有助力。

　　现在是信息爆炸时代，每天透过手机、社交网络、周边人群传递来的信息浩如烟海，本书在这种氛围中面世，致力于让读者掌握一种基础方法论，是一件非常有意义的事，再次祝贺！

孙陶然

拉卡拉集团创始人

《创业 36 条军规》作者

北京大学企业家俱乐部执行理事

2015 年 3 月初，接到邱博士打来电话让我为其新书写推荐序时，我刚刚参加完一下午的 2014 财年项目复盘会。虽属巧合，但这也折射出复盘对于君联资本（原联想投资）的重要性。2010 年，在柳总带领下与企业界朋友关于企业文化建设的一次交流中，我就曾以"联想投资在复盘中成长"为题做过介绍。至今，复盘仍然是君联资本知识管理的规定动作。正如柳总所说："复盘"是联想认为最重要的一件事情。

复盘是一种学习方法，更是一种行为习惯，是提升组织智慧的重要手段，是联想控股大家庭文化的重要组成部分。17 年来，我们不断地在辅导和帮助君联资本投资的成长期企业学习、运用复盘方法，企业家们对由此给管理层和企业作风带来的务实、总结能力等方面的积极变化，给予了充分的肯定："通过复盘，我们今年的总结和规划质量大大高于去年""现在，大家已经逐渐把复盘作为每项任务的一部分了"。

我认识邱博士是在 1998 年春天，当时他在写硕士毕业论文，到联想实习，那时我在联想集团管理学院工作，有幸结识。我记得他的硕士论文是研究学习型组织的，所以他的实习内容也就集中在对联想的组织学习机制进行案例研究，实习后，他以此案例为原型，提出了"创建学习型组织的系统生态方法——组织学习鱼"模式。由此说来，邱博士对学习型组织的研究是从他读硕士阶段开始的，这应该是 20 年前的事了。

20 年来，邱博士一直专注于学习型组织的研究和实践推动，不仅因为他的硕士和博士都是攻读这一方向，理论功底深厚，更是源于他有志于"推动学习型组织在中国的研究与实践，让学习助力企业持续成长"，因此，在工作的同时，他先后撰写和翻译了 16 部相关著作，发表论文 100 多篇。特别是他经过自己创业和在联想、万达等优秀企业的实践，让他对一个真正的学习型组织的文化基因与组织行为之间的关系，阐述得更加丰满、翔实、"接地气"。

从他第一次到联想实习至今，我们有过几段共事的经历，包括他硕士毕业后加入联想，先后在集团企划部、人力资源部和 ERP 项目组工作，我们一起进行人力资源规划，策划干部"建班子"培训等；2003 ～ 2004 年，他加入君联资本（当时叫联想投资），和我一起作为管理顾问，考察潜在的可投资企业团队，并对已投资企业提供增值服务，同时公司内部的知识积累与分享也是我们的职责。因此，我们共同承担过项目复盘和专题研究任务。他有特别扎实的理论功底，非常勤于思考、善于总结，这些年，我们有很多关于如何建立学习型组织话题的交流，每每让我感受到他在不断地从实践中领悟而使话题更加深入，令我获益匪浅。

本书包含了邱博士对联想式复盘的理解，但又远不止于此。它既与我对联想复盘方法论的认识基本一致，又让我了解了"复盘"的更多实践，从组织学习机理到组织因此获得的收益，把最有说服力的案例详细拆解开来，展现给大家，其中的理论、理念、实践和方法，好读、易懂、能学，是一门最好的关于"复盘"案例教学课程的文字版，非常适合广大的企业家和管理者朋友们阅读，并在自己的组织里运用，是企业复盘的最佳指导和实操手册。三年来，这本书在推动中国企业运用复盘方法提升组织能力方面，发挥了积极的作用。

借此，衷心希望"复盘"助力中国企业健康成长。

王建庆

君联资本董事总经理、首席管理顾问

君联资本企业发展研究院执行院长

推荐序四
·FOREWORD 4·

我最初认识邱昭良博士，是在 2005 年他主持的一次学习型组织的培训上。通过此后 10 年的了解和交流，我发现他是中国组织与学习领域难得的"双料冠军"——他不仅对理论有深入的研究，还具备很强的专业性和前瞻性；同时，他在多家企业从事战略规划和企业大学工作，积累了大量实践案例，操盘经验丰富。这些年在工作之余，他每年都会坚持撰写或翻译一两本书，将自己的经验整理成系统的产品分享给大家，单就这项而言，我可以说，行业内无人能出其右！

按照我的理解，复盘最大的价值是启动了管理者的内省！一名管理者优秀与否，关键在于他能否随时觉察自己的短板，并且通过快速改正和优化，不断提升自己的能力。复盘作为一种管理工具，可以有效地帮助管理者进行内省，发现组织中存在的问题，进而改变惯有的工作模式。越失败的案例就越要复盘，因为从这些问题中往往能够挖掘到更多的正向价值，从而发现更大的提升空间。因此，复盘不仅要有科学的流程和方法，更要求复盘者有一颗谦卑、开放的心。

同时，复盘不仅适用于管理者领导力的提升，也适用于各种项目。我们可以通过项目，将复盘这一工具植入其中，逐步强化组织的学习能力，最终形成学习型组织。

　　本书是一本系统阐述复盘方法并辅以实战案例的工具性书籍，包含了笔者的大量心血，望广大读者能够通过精读，逐步体会个中深意；通过代入工作中的实际问题，逐步进行实践锻炼。

　　一本好书的力量是无法估量的，愿各位书友能够学有所得，学有所用，期待邱昭良博士更多的新作问世！

马成功

京东、乐视企业大学原校长

推荐序五
·FOREWORD 5·

昭良真是个勤奋的人，每年都有新作面世。昭良也是个与时俱进的人，本书不仅强调理论和体系，而且强调实战、实用，强调"干货"。所以，我的读后感也只讲几句干货。

我推荐本书基于以下几个原因。

作者的资格

昭良是最有资格写复盘的人之一，不仅因为他的理论积淀，更因为他的职业经历，他曾经亲历了联想和万达的重大项目复盘，还因为他极强的总结能力，是"能干会说"的"真把式"。

内容恰在风口

复盘是目前企业最需要掌握，也是最容易用上的个人和组织能力提升的工具，甚至是法宝。所有的企业，尤其是寿命最长只有 30 年左右的中国企业，在缺乏积淀的现实下都应该引进复盘这种工具，通过个人和组织自身的反思实现最快的成长。

内容的实操

这本书不是讲道理，而是讲操作程序，给予工具，提醒注意事项，用心教大家如何用好复盘这个工具。书中不仅教会大家如何用工具,而且提醒大家如何在组织中推广工具,形成习惯和机制,这唯有具备实操经验的作者才能想到并突出强调。

角度的完整

组织学习,没有任何灵丹妙药,可以一药包治百病。组织学习也是鸡尾酒,不仅需要从经验中学习,更需要从未来中构建,昭良给出了组织学习的完整框架,让我们既见复盘之木,又见组织学习之林,让学习者可以更完整、客观地搭建组织学习体系。

互联网时代,产品、服务、商业模式、品牌等都处于快速迭代的模式之中,个人和组织的能力也需要快速迭代。常规的培训和学习方式也需要快速迭代和改变,随时随地复盘正是互联网时代个人和组织能力迭代的法宝。

此为推荐序!

孔庆斌
大联想学院原院长
黑马会导师
京东众创学院导师

Introduction

导　论

复盘为什么受欢迎

《复盘＋：把经验转化为能力》第 1 版于 2015 年 8 月正式出版，上市以来受到市场广泛欢迎，多次重印；第 1 版、第 2 版的销量超过了 10 万册。同时，也有大量企业邀请我进行培训或辅导，如华为、TCL、腾讯、招商银行、伊利、美团、中国工商银行等。在《培训》杂志 2017 年 12 月刊推出的年终回顾专刊中，"复盘"被列为当年热门关键词。由我开发的同名版权课程也荣获 CSTD 2017 年十大畅销版权课程称号。

那么，复盘为什么会这么热呢？

在我看来，复盘之所以受到人们的重视，原因有如下几点：

1. 随着环境变化日趋多变、不确定、复杂、模糊（所谓的"VUCA"），无论是个人还是组织，都需要更快、更有效地进行学习。复盘作为一种从经验中学习的结构化方法，虽然深入、做到位并不容易，但基本操作手法易学易用，快捷有效。这使其受到了人们的广泛关注。

2. 当今，在许多领域（如新的或发生了颠覆式创新的领域），没有惯例或成熟的经验可以直接"拿来"，人们需要"摸着石头过河"，把握当下，有效地总结行动中的经验教训或进行知识创新，实现快速迭代。对此，复盘是一种基本的方法，可以适应商业竞争与社会发展的需要。

3. 正如古老的太极图蕴含的哲学智慧，伴随着社会日益浮躁，越来越多的人开始让自己"静"下来，注重深潜和内求。复盘作为一种反思自我、深入探究的学习方法，其价值也愈发明显。

4. 复盘的核心目的是从工作中学习。通过复盘，让大家在很短的时间里，相互学习与分享，不仅有助于增进相互的了解、促进团队协同作战，而且其本身就是一个知识分享的过程。此外，我们可以把复盘的结果变成案例，萃取出一些经验和教训，做成微课，再放到公司知识库里进行分享。所以，它也是移动互联时代快速萃取组织经验，传播、共享组织智慧的一种方法。

综上所述，复盘不仅是个人能力提升的基本方法，而且是一种简单易用的团队学习机制，是激活组织学习机制、打造学习型组织的核心修炼，近年来受到了越来越多企业的欢迎。这并不是偶然的，也不是一阵风，而是时代的大势所趋，是企业创新、转型升级、打造敏捷学习力的必然之选。

复盘的逻辑与操作简单，但要想真正做到位并不容易

虽然绝大多数朋友对复盘都非常认可，也有少量不以为然者。

有的认为复盘不过是工作总结或者 PDCA，有的认为其功效有限，不如创新或试验啥的"来劲"，还有人认为它的逻辑似乎很简单，操作手法也没什么稀奇之处，值得写成一本书吗？

的确，复盘的逻辑与机理真的很简单，但是，随着我对复盘的了解越多、实践越多，我就愈发心存敬畏。只要你实践过了，你就会明白，复盘并不像你起初想象的那样简单，这里面学问很大，涉及团队学习与引导技术、系统思考、改善心智模式、知识萃取等深层次的技能。

例如，我曾整理了复盘的 36 个问题：

1. 复盘是什么？

2. 复盘与工作总结有哪些区别？

3. 复盘有什么用？

4. 在当今快速变化的时代，复盘还有价值吗？

5. 复盘的范围与形式有哪些？

6. 哪些事情需要复盘？

7. 能对其他人的事情进行复盘吗？

8. 复盘由谁来发起和引导？

9. 能否通过邮件或视频会议来复盘？是否要开面对面的复盘会议？

10. 谁要参加复盘会议？

11. 复盘会议应该何时召开？

12. 对复盘会议地点有哪些要求？

13. 复盘会议召开之前，要进行哪些准备？

14. 如何设计和引导复盘会议？

15. 复盘时，发现目标不清楚，怎么办？

16. 大家对目标没有共识，怎么办？

17. 对事件的看法出现了分歧，怎么办？

18. 大家不愿意参加，怎么办？

19. 总是有人打岔，难以聚焦，怎么办？

20. 领导在场，其他人不愿意说话，怎么办？

21. 大家都回避问题，怎么办？

22. 对问题的分析难以深入，没有触及根本，怎么办？

23. 参与者相互指责、推诿，怎么办？

24. 发生了争执，怎么办？

25. 总是一两个人在说话，其他人不参与，怎么办？

26. 怎么区分原因分析与经验？

27. 花了很大精力在一些细节上，导致复盘会议开得很冗长，怎么办？

28. 复盘好像在"走过场"，如何把复盘做到位？

29. 复盘会议之后，谁来跟进？

30. 复盘的效果怎么评估？

31. 学习发展部门如何推广复盘？

32. 如何让大家养成复盘的习惯？

33. 如何充分利用复盘的结果？

34. 复盘与行动学习、绩效改进、问题分析与解决等方法有什么关系？

35. 复盘和"微课""知识萃取"有什么关系？

36. 复盘与学习型组织建设有什么联系？

虽然你可能还会在学习、实践复盘的过程中遇到更多实际的问题，但我相信，如果你能认真研读本书，并用心实践、不断总结，你就能找到这些问题的答案，从而把复盘做到位，并充分发挥其功效。

通过复盘，实现快速迭代与优化

当今时代，外部环境变化速度空前，诸如消费者的变化（"新人类"的崛起）、新技术（含移动互联网、人工智能）的快速普及、产品生命周期缩短、信息不对称的消失、竞争日益激烈、国际化与产业颠覆式创新成为"新常态"，对企业的经营与管理提出了严峻挑战。按照生态学原理，一个有机体要想获得生存与发展，其学习（learning）的速度必须大于或至少等于环境变化（change）的速度（L ≥ C）。因此，在当前时代，企业必须有更强的组织学习力，更快更好地学习、创新、变革，才能适应甚至引领变革。这就是海尔总裁张瑞敏先生所说的，"没有成功的企业，只有时代的企业"。

为此，充分用好包括复盘在内的组织学习方法与工具、提升组织学习力，是企业在移动互联时代成功的关键。

让我们看下面的案例。

⊙ 案例　"互联网思维"创造小米奇迹

在"互联网思维"中，"用户参与""粉丝经济""快速迭代"是很重要的一些内容。小米就是这方面的一个典型。

小米非常关注用户反馈，他们建立了一些"忠实粉丝"参与的社区，收集用户对于小米手机使用过程中的意见、问题、需求以及想法，然后快速发布修正版本，几乎每周都有一个版本发布。根据《福布斯》杂志网络版上的一篇文章，小米的产品经理通常要花一半时间来关注公司的活跃用户讨论板，小米副总裁、谷歌前产品负责人雨果·巴拉（Hugo Barra）表示："一名产品经理可以在几小时内就选择一条建议。随后几小时，建议就会摆上工程师的办公桌。"如果大家认为这是一个好点子，那么在未来一周的更新中这条建议就将成为现实。"我们开发的许多独特功能都来自用户建议。产品来自用户的想法，而不是产品经理的想法。"小米将其终端用户称为"米粉"。而借助快速更新、迭代机制，"每一批手机都将变得更好"。这也让小米手机在短短的时间内快速完善，获得了越来越多用户的喜爱。

2010年，小米第一款手机发布；到2014年，它的全球销售量已达6100万部，较上年增长227%，成为全球第六大手机制造商；在中国，2014年第四季度，小米手机销售超过了苹果，成为市场销量第一的品牌。

从上面的描述可以看出，所谓"快速迭代"，指的是不要等到把所有都做好了再推向市场，而是在有了一些想法或做出一个原型之后就推向市场，试探用户的反应，然后根据用户的反馈，迅速地进行调整和优化，从而更好地满足用户的需求，更快地占领市场。就像"迭代"这个词所显示的那样，产品改进不是从零开始的，而是要建立在上一代的基础上，或多或少，要继承上一代做得好的地方，改进上一代的不足之处。因此，这个过程的本质就是复盘——从行动中学习、快速改进，是将复盘应用于产品开发与上市领域的管理实践。

只不过，小米等公司的"快速迭代"实践有以下三个新的亮点：

第一，复盘节奏更快、周期更短。在一些传统企业中，运作速度缓慢，流程与制度、规范比较齐备，对复盘的需求不那么强烈，即使偶尔应用一次，也是针对某个显著未达到预期的项目或活动；对于复盘中发现的问题，改进速度也很缓慢。但是，"快速迭代"强调的是"快"，不仅体现在产品的运作流程要快，而且体现在"获得反馈"、分析与改善要快。

第二，复盘应用面更广泛，人人参与。一些传统企业，组织层级明显，部门之间壁垒森严，参加复盘的往往是某一个层级上的干部或骨干，层层上报，与其他部门或地区不共享，导致复盘的价值被大打折扣。而在小米等公司中，组织扁平化，人人都参与复盘，随时随地应用复盘，这也是确保复盘、改进速度快的重要条件。

第三，不把复盘局限于企业内部，而是广泛、深入地让用户参与进来，倾听用户的心声，了解、挖掘他们的潜在需求（"痛点"），获得好的想法与建议。从本质上讲，这是打开组织的大门，让用户参与，向用户学习，由此可以获得更多、更好的创意。

因此，我们可以讲，通过复盘，实现快速迭代与优化，可以加速创新、提升组织学习力。

不做"狗熊掰棒子"，不重复交学费

但是，在日常工作中，我们经常看到类似状况：

- 公司前台又换了一个新人小李，其经验不足，加之对该岗位工作不熟悉，导致接待和服务水平显著下降，经常乱作一团。对此，在公司干了好几年的老赵叹了一口气："哎，公司中许多岗位的工作，多年来，不就是这样'低水平'重复、起起伏伏吗？"

- 销售小王在客户那里吃了"闭门羹"之后，拍着自己的脑袋，懊悔地说："以前，我曾犯过这样的错误，今天，我为什么又犯了同样的错误呢？"

- 张总气愤地把报告扔到桌子上，说："你们看看，我们在沧州的工厂刚发生了气体泄漏事故，而上个月，昆山的工厂刚刚发生过类似事故，几乎一模一样啊！'屁股还没擦干净'，怎么大家都不长记性呢？"

- 在互联网时代，通过一部千元智能机，就能连上互联网，搜索到各种各样的信息，但是，许多人只是"Ctrl-C"+"Ctrl-V"（照搬照抄）或者简单地将其下载下来，不加分辨，不做归纳分析，也不根据具体应用情况对其进行检验、总结，终日忙来忙去，实际能力并没有增强。

如果你或你的企业存在上述状况，你就需要学习和应用复盘。

在移动互联时代，谁的学习力强，谁就能脱颖而出；否则，就有可能面临着被淘汰的危险。

无论是个人，还是企业，均是如此。

复盘：一种神奇的方法

你知道吗？

- 近代奇人曾文正公（曾国藩）是靠复盘炼成的。

- 联想集团创始人柳传志也发现，"复盘"是自己学习、工作的习惯，并致力于在公司内部推动复盘。

- 军人出身的王健林也非常善于反思、总结，并在企业内部建立了行之有效的复盘机制，推动了万达的快速发展，也成为应用复盘推动企业成长的典范。

- 美军靠复盘来培养领导力、提升执行力。

- 英国石油公司（British Petroleum，BP）通过包括复盘在内的组织学习方法，仅 2007 年就为公司节约了 7 亿美元。

- 江淮汽车在企业内部也倡导"每战必反思"，使其从一个汽车修理厂发展成为有一定规模的国产品牌汽车厂商。

- 在谷歌，每当有新产品或重要功能问世，团队就会组织"事后讨论会"，让全体成员聚在一起讨论哪里做对了，哪里做错了。之后，他们会公布讨论结果，让每个人知悉。

- 华为创始人任正非认为：将军不是教出来的，而是打出来的。因此，要善于总结，每一次总结，就是你的综合知识结了一次晶。就像渔网一样，每次总结都是做了渔网的一个结，一丝一丝的知识，就由一个一个结结成了网。谁的结多，谁的网就大；谁的网大，谁抓的鱼就多。不光是成功要总结，失败也要总结。只有那些善于自我批判的公司才能存活下去。为此，在华为的战略预备队中，复盘做到了 100% 全覆盖。

- 阿里巴巴不仅每年至少进行两次大的复盘，而且在一些重大活动或项目（如"双十一"）结束之后，都会及时进行复盘。例如，2017 年 11 月 14 日，阿里巴巴集团举行了"双十一"

复盘启动会，CEO 张勇总结了亮点，要求通过复盘，"总结和沉淀经验，孵化更多创新的想法和业务，将今天的峰值变成明天的常量"。在接下来的一周，阿里巴巴各业务团队集中复盘"双十一"，除了复盘业务，还需复盘文化。

……

类似这样的故事还有很多。

大量实践证明，复盘是一种行之有效的从实践中学习的方法，无论对于个人成长，还是企业发展，都有重要的作用。同时，复盘最大的优势之一是简单、便捷、结构化、易于操作。因此，近年来，复盘成为许多企业建设学习型组织选用的方法与工具。

但是，根据我多年实践并推广复盘的经验，复盘"看起来简单"，但要想真正做到位"非常不易"。在我看来，要做好复盘的关键点包括：

- 掌握复盘的"操作手法"，精心设计、准备和引导；
- 不能流于形式，不是"照本宣科"，需要了解复盘的"内功心法"，营造适当的氛围，让参与者敞开心扉、深入反思，直面自己的不足和团队/组织的"短板"；
- 不仅要求领导者以身作则，更要带动整个组织形成快速复盘、学习、改进的习惯；
- 不仅要集思广益、挖掘事件成败的关键原因，更要系统思考、洞悉系统内在的结构和规律。

因此，复盘不是一次性的活动，也不会轻而易举就产生很好的效果，需要掌握"操作手法"与"内功心法"，需要领导者自身的修为和带动，也离不开组织文化与氛围的支持。

我为什么写这本书

本书第 1 版的写作历时两年，虽然工作繁忙，但支持我坚持下来的原因有以下三方面：

第一，复盘是一种行之有效的学习方法。我个人就是受益者，在联想和万达的工作中亲身参与，多年来感受深切，也从众多企业的实践中看到了它的巨大价值和威力。

早在 2004 年，我就在"组织学习精品课程——组织学习工具箱"培训中讲授过这个方法。记得一位学员事后反馈说，他认为，在我讲授的所有方法中，复盘（AAR）是最简单易行而效果显著的。

在本书中，我整理了联想、万达、美军、英国石油公司等多家机构的实践案例，相信大家可以从中得到启发，但我更加自信地认为，如果你能认真实践，你可以从自己的行动中得到肯定的回答。

第二，复盘是打造组织学习体系、让学习型组织建设"落地"的重要途径。自 1995 年开始，我致力于推动学习型组织在中国的研究与实践，至今坚持了 20 多年。在为众多企业服务的过程中，我深刻地体会到，组织学习是驱动组织发展的核心引擎，但构建组织学习系统、迈向学习型组织是一个长期、复杂的系统工程，并不存在一个简单的解决方案或对策，也不可能一蹴而就；重在长期坚持，并根据企业的实际情况选择恰当的方法与工具，把握重点、循序渐进地推进。

事实上，在中国，许多当初大张旗鼓地宣称要创建学习型组织的企业，如今已经被"雨打风吹去"。因此，在 2003 年年底，我就撰文指出：要警惕学习型组织在中国的实践中出现"泛化"和"虚化"的趋势（简称"泛虚"）。之后，我在研究中发现，要想让学习型组织建设"落地"并持续深化，化解并防范"泛虚"的风险，需要"两条腿走路"：一方面，掌握一些行之有效的方法与工具，让学习型组织建设有看得见摸得着的"抓手"；另一方面，将学习型组织建设与企业的经营管理实际工作结合起来，"整合应用"，避免形成"两张皮"。实践证明，这些策略都是行之有效的。尤其是复盘，在许多企业中已经落地生根，形成了文化和习惯，如联想、江淮汽车、四川西南水泥等。

第三，复盘"上手容易深化难"，需要许多"内功心法"，但市面上缺乏专业的书籍指导。近年来，受到外部环境复杂多变等因素影响，许多企业注意到了复盘这种方法的价值，开始在企业内部推动复盘的应用。尽管联想等企业通过网站、官方微信、论坛等途径宣传自己的复盘实践经验，数年前也曾出版过一两本相关书籍，但是，总体而言，缺乏专业、深入而全面的操作指南。我相信，本书将是你对复盘从入门到精通的实践指南。

为什么叫《复盘＋：把经验转化为能力》

本书之所以取名《复盘＋：把经验转化为能力》，主要是基于以下四个方面的原因：

1. 复盘既是一种基础方法论，更要与个人或企业的具体实践紧密结合。实践表明，复盘作为一项核心管理技能，可以应用于个人学习与能力提升、团队协同与整合、组织能力提升等多个层次。因此，如果你将复盘用于个人发展，可实现成功求职及职场晋升；如果你将复盘应用于绩效改进，可实现绩效倍增；如果你将复盘全面应用于组织建设，将实现组织能力的全面提升。

2. 将"复盘"这一围棋术语引入企业管理领域，并全面实践，源自联想，但并不是联想独有的实践。本书不仅详细介绍了联想的复盘精髓和手法，也集成了美军、英国石油公司、谷歌等国外优秀组织的最佳实践，也包括万达、华为、潮宏基等多家本土企业最新的实践探索，并持续地更新、迭代。

3. 如同"互联网+"是把互联网作为一种底层技术，应用到各行各业、各种场景之中，"复盘+"也是主张将复盘作为一种基本的工作方法，嵌入企业的运作、个人的工作与生活之中，使之成为一种习惯或生活状态。本书参考中国古代倡导修习"知行合一""真积力久则入"的理念，从"知"到"行""积"，旨在帮助读者朋友正确地理解复盘、规范地操作复盘，并持续地应用复盘，形成习惯、机制、体系与文化，提升学习敏捷度，继而在当今快速变化的时代，通过快速创新、迭代，赢得持续的竞争优势。

4. 在我看来，复盘虽好，但只靠复盘一种方法是不够的（事实上，对于任何一种管理技术而言，均是如此），因此，要将复盘作为一种基本的组织学习机制，以复盘为基础，吸收、应用其他方法，如标杆学习、合作创新、U 型理论等（这是我提出的"组织学习矩阵"框架），搭建闭环的组织学习体系，最终推动组织持续成长。

本书特点

这是我个人第 5 部专著，也是我出版的第 16 本书。与其他几本书不同，本书的特点是强调实战，分享"干货"，注重工具。

深度解析联想、万达、美军、英国石油公司的实践经验

本书详细剖析了联想、万达、美军、英国石油公司的复盘（或称行动后反思（after action review，AAR））的实务做法以及实践经验。

对这四家机构，本人都有不同程度的了解。

我在联想工作七年多时间，亲身参加过很多次复盘，既包括不计其数的事件/活动复盘，也包括像 ERP 项目、联想投资等项目/阶段性复盘，还包括一些公司战略级复盘，对联想的复盘实践有深入的理解。

2011 ～ 2012 年，我曾任万达学院副院长，主持并参与了万达广场项目复盘的设计与实施。

2004 年，我翻译了哈佛大学教授戴维 A. 加尔文（David A.Garvin）所著的《学习型组织行动纲领》⊖（*Learning in Action*），在该书中，加尔文详细阐述了美军的 AAR 实践。之后，我查找并研读了美军司令部出版的《AAR 领导者指南》和其他资料，对美军的实践做法有了较为全面的了解。

2003 年，我策划、审校了"学习型组织实战丛书"，其中包括《英国石油公司组织学习最佳实践》，该书作者是英国石油公司内部

⊖　本书已由机械工业出版社出版。

负责推动组织学习与知识管理的两位高级管理者，他们不仅详细地阐述了英国石油公司的实践做法，非常实用，而且有很多宝贵的实践心得，其中很重要的一种机制就是 AAR。

2004 年之后，我曾为中石化、中国航天、四川西南水泥、华为、伊利、施耐德等优秀企业提供组织学习与知识管理方面的咨询与培训服务，其中均包括复盘这种方法。通过指导包括这些企业在内的近百家企业应用复盘、搭建组织学习体系，我也积累了更多的经验和应用推广心得。

内功心法"干货"分享

在信息泛滥的时代，没有人愿意看长篇大论，本书写作风格简洁，提纲清晰，要点明确，不在理论上深入探究，而是强调实战、实用。

特别需要说明的是，书中的许多内容是作者十余年来实际参与、设计、引导和推广复盘的实践经验总结，主要是个人的"心得"与研究、思考结果，虽然限于个人水平，一些观点未必全面甚至准确，但我相信，这些有效应用复盘的"内功心法"对于各级领导者、管理者在企业内部实践、推广复盘，有一定的参考或借鉴意义，也可能会对一些已经在做复盘的企业起到深化、提升的"催化作用"。

引导复盘的工作指引与常用工具

在我看来，引导是复盘效果好坏的重要影响因素。在总结实践经验的基础上，我提出了复盘引导师的角色与职责，引导复盘的工作指引、操作流程"三阶九步法™"，以及常见的"25 个坑"及其对策，还介绍了复盘过程中常用的 10 种方法与工具，便于大家使用。

此外，本书附录中还收录了我基于联想、巴克曼实验室（Buckman Labs）等企业的实践而整理的复盘模板，可供大家实践参考。

修订说明

在本书第 1 版出版之后，很多朋友通过阅读本书或参加我的培训、分享，学习了复盘，并将其付诸实践。他们在学习与实践过程中遇到了各种各样的问题，并通过微信、邮件、面对面等方式反馈给了我。而我因为已有了持续复盘的习惯，所以，可以快速将这些反馈进行归纳、整理，不断地丰富学习与实践复盘的问题清单，持续地和朋友们讨论这些问题，并在各种各样的场景中去寻找并优化这些问题的答案。因此，2016 年 8 月，本书经全新修订，出版了第2 版。

第 2 版修订主要体现在以下 6 个方面：

1. 对大家在理解"复盘是什么"等方面提出的一些常见问题，给出了我的解答，可以让大家更加精准地理解复盘的精髓。

2. 基于实际操作经验，梳理、明确了复盘的"底层逻辑"，将其与表现层的"操作手法"分开，让大家更清晰地把握复盘的内在机理，"知其然，知其所以然"。

3. 从复盘的主题范围以及组织层次两个维度，明确了复盘的四种应用类型及其操作手法。

4. 对经营 / 战略复盘部分进行了细化，补充了谷歌等公司的实践，以及季度业务复盘会（QBR）、学习史等方法。

5. 提出了一个整合的模型，阐述了把复盘做到位的 12 项关键要素；基于复盘引导实践，修正了"复盘引导九步法"。

6. 对全书文字进行了优化修订，精简了部分内容。

经过近几年更多企业的实践，我对本书进行了第 3 版修订，主要内容包括以下 7 个方面：

1. 强化实操：将原第 4 章"应用复盘"细化为 4 章——"个人复盘""团队复盘""项目复盘""经营与战略复盘"，充实了大量"干货内容"，给出了更多操作细节和应用指南。

2. 调整结构：将复盘常见的 36 个问题归纳为 4 类——认识复盘、操作复盘、做好复盘、推广复盘，并按照企业实际应用复盘的顺序，将全书调整为 3 篇 9 章。

3. 体现中国智慧：复盘一词是中国古老的围棋术语，也在很多方面体现着中国智慧。本书以《荀子》中关于学习的论述来阐述复盘的学习机理，提出了"U 型学习法"（"复盘之道"），并按照道、法、术的架构，来论述复盘的操作，以"修身、齐家、治国、平天下"的社会集合层次来梳理复盘的应用，以《荀子》中关于铸剑的论述来总结知识萃取的核心要素，等等，为复盘装上了"中国芯"。

4. 新增原创成果：俗话说"教学相长"，我在近年来的实践中持续地钻研，取得了很多原创研究成果，本次修订增加了 8 项新的研究进展，包括①整理出复盘的"25 个坑"及其对策；②明确了有效复盘的 3 项核心技能——复盘引导、系统思考与知识萃取；③对复盘的基本操作步骤进行了更新；④给出了复盘引导师的核心任务、能力与素质要求，增加了复盘引导的操作细节；⑤提炼出知识萃取的核心要素；⑥总结出应用复盘的 3 个成长引擎；⑦梳理出应用复盘的 3 个阶段（复盘 1.0、2.0 和 3.0）；⑧提出了推广复盘的 6 个阶段。

5. 增加、修订工具与方法：为了应对复盘实践中的诸多挑战，增加了我新开发的"思考的罗盘™""复盘画布™""管理改进建议书模板"等原创工具与方法，移除了第 2 版中的"组织记忆看板"和"因果回路图"等两项工具。

6. 增补 / 更新实践案例：根据近年来的实践，增加了华为、阿里巴巴等公司的案例，更新了联想、万达、潮宏基的实践案例。

7. 强化互动：本次修订增加了一些练习、测试，读者可以通过扫描二维码，查看参考答案，以增强对复盘的理解，并获得更多实践案例和学习资料。

本书架构

本书希望为企业各级管理者提供在本企业或部门内应用复盘的全程指南，按照"知—行—积"的逻辑顺序来组织本书，共分为 3 篇 9 章。

第 I 篇　认知复盘："知"

在企业中应用复盘时，不仅要让大家明确复盘的内涵与本质，知晓什么是复盘，应该如何做复盘，也要就复盘的价值达成共识，真正理解为什么要复盘。

认识复盘（第 1 章）

简要介绍了复盘的定义、由来，阐述了复盘的本质，探讨了它与工作总结的三个方面的区别，与其他一些学习方法（如行动学习、培训、绩效改进等）的区别与联系，以及人们对复盘的一些常见误解。

同时，基于美军、联想的实践，阐明了复盘对组织发展的意义及价值。在我看来，只有明确了复盘的真正意义，才能激发个人主动实践复盘的"内驱力"，重视并真正地投入复盘，才能取得更好的效果。

复盘之道（第 2 章）

任何学问，都有道、法、术三个层次。本章基于荀子关于铸剑的论述，提出了"U 型学习法"，先剖析了复盘的学习机理，阐明了复盘的一般过程——"复盘之道"，然后提出了企业中常见的四类复盘：个人复盘、团队复盘、项目复盘和经营与战略复盘。每一类复盘都遵循"复盘之道"，但具体的操作手法各有差异。

第 Ⅱ 篇　操作复盘："行"

复盘是一种应用范围很广的方法。本篇参考孔子所讲的"修身、齐家、治国、平天下"的社会集合层次，分四章，对四类复盘的具体操作手法进行了详细解读。

个人复盘（第 3 章）

复盘是个人学习、提升能力的基本方法。本章以具体案例，介绍了个人复盘的操作手法、注意事项与关键要点。

团队复盘（第 4 章）

要想充分发挥复盘的威力，就要做团队复盘，而不只是个人复盘。本章以美军、联想、英国石油公司的团队复盘实践为基础，从中提炼出团队复盘的操作要点，阐述了我提炼出的引导团队复盘的"三阶九步法™"，以及团队复盘会议引导的一般步骤和操作要点。

项目复盘（第5章）

项目是最适合进行复盘的主题。本章基于联想、英国石油公司的项目复盘实践经验，提出了项目复盘的操作模式——"多重迭代式复盘"，及其关键成功要素。

经营与战略复盘（第6章）

将复盘作为一种机制，嵌入企业的经营与管理之中，定期进行经营与战略复盘，也是很多优秀企业的最佳实践。在本章中，我们基于谷歌、阿里巴巴等公司的实践，提炼出经营与战略复盘的常见方法与关键要点。

第Ⅲ篇　持续应用："积"

正如荀子所说，"道虽迩，不行不至；事虽小，不为不成"。复盘的底层逻辑与操作手法并不复杂，偶尔做一次复盘也不难，但要想把复盘做到位，却并不简单。更重要的是，如何坚持复盘、形成习惯，并扩大复盘的影响，继而搭建起组织学习体系，这样"日积月累"，威力巨大。

本篇分三章，探讨了如何做好复盘（尤其是团队复盘），如何推广复盘，如何以复盘为基础搭建组织学习体系等相关问题。

做好复盘（第7章）

正如我所讲：复盘"上手容易深化难"，之所以说"深化难"，是因为要想做好复盘，需要掌握一些"内功心法"，精心设计、准备和组织，也要营造一定的条件。基于我多年的实践经验，本章先剖析了联想复盘面临的挑战与关键成功要素，之后阐述了我整理的复盘的"25个坑"及其对策，明确了有效复盘的三项核心技能，以及成功复盘的"配方"。

推广复盘（第8章）

做一次复盘并不难，但要充分发挥复盘的作用，需要在组织内部推广复盘，并让大家形成习惯。对此，基于我个人的思考和实践总结，我提出了复盘应用的三阶段模型、三个成长引擎、六大阶段，还有推广复盘的四项策略、扩大复盘影响的两个维度，如何让复盘改造企业文化，从而更好地支持复盘的开展，以及如何让复盘成为习惯的对策建议。

超越复盘（第9章）

虽然复盘是重要的，但复盘也不是万能的。要想提升组织学习力，不能只用任何一种方法。在本章中，我提出了"组织学习矩阵"的框架，简单介绍了除复盘之外四种常见的组织学习方法；之后，结合联想、美军以及英国石油公司的案例，介绍了如何以复盘为基石，搭建组织学习体系。

活出复盘的状态

我们大家都知道"知易行难"，其实，真正学会一项技能有三个境界：

一是知晓（knowing），也就是搞明白它是什么、为什么以及如何做，不是"似乎知道了"，而是真正清楚、明确。这可以通过深入的阅读、思考、与他人交流以及亲身实践等途径实现。

二是会做（doing），不只是在他人指导下或者在教室里勉强能做得通，而是要在各种场合下，自己能够独立地完成，运用自如。要做到这一步，就不能只是看书、听讲，必须依靠自己大量地实践、练习，同时不断地琢磨、复盘，掌握其中的诀窍。

三是活出那种状态（being)，也就是彻底领悟其精髓，并真正践行、长期坚持，形成习惯。

在我看来，复盘不只是一种方法，更是一项持续的修炼，是一种生活方式。特别是在当今时代，我们周遭的环境以及我们自己都在快速变化之中，复盘绝不只是一两次事件，或阶段性的活动，你需要使它成为你的一种基本生活方式。

因此，我诚挚地欢迎所有想要学习、实践并活出复盘状态的朋友，将你在这个过程中遇到的任何问题，及时反馈给我，我愿意帮助你，也希望和你一起成长、进步！

认知复盘："知"

本篇共两章，回答下列问题：

- 复盘是什么？
- 复盘与工作总结有何区别？
- 复盘与行动学习、绩效改进问题分析与解决等方法有什么关系？
- 复盘的缘起与由来？
- 复盘有什么价值？
- 通过复盘，为什么能产生学习？
- 从原理上讲，复盘应该怎么做？

第1章

•CHAPTER 1•

认识复盘

复盘的实质是从经验中学习，是成人学习最重要的形式之一。

中国人古语说：吃一堑，长一智；前事不忘后事之师，都是这个道理。

哈佛大学戴维 A. 加尔文教授在《学习型组织行动纲领》中曾指出：学习型组织的快速诊断标准之一是"不犯过去曾犯过的错误"。要想避免"重复交学费"，让整个组织快速分享个人或某个单位的经验教训，提升组织整体智商，也离不开复盘机制。

在本章中，我们将介绍复盘的本质、由来与价值，探讨复盘与工作总结的区别，与行动学习、培训、绩效改进的区别与联系，剖析了关于复盘的几个常见误解，让你准确地理解复盘的精髓，并明确为什么要进行复盘。

什么是复盘

"复盘"原是围棋术语,本意是对弈者下完一盘棋之后,重新在棋盘上把对弈过程"摆"一遍,看看哪些地方下得好,哪些下得不好,哪些地方可以有不同甚至是更好的下法,等等。

这个把对弈过程还原并且进行研讨、分析的过程,就是复盘。通过复盘,棋手们可以看到全局以及整个对弈过程,了解棋局的演变,总结出适合自己和不同对手的套路,或找到更好的下法,从而实现自己棋力的提升。唐代诗人杜牧在《重送绝句》一诗中曾形象生动地描述了他与一位围棋高手对弈之后复盘的场景:"绝艺如君天下少,闲人似我世间无。别后竹窗风雪夜,一灯明暗覆吴图。"

用到企业管理中,复盘指的是从过去的经验、实际工作中进行学习,帮助管理者有效地总结经验、提升能力、实现绩效的改善。正如联想集团创始人柳传志先生所说:所谓复盘,就是一件事情做完了以后,做成功了,或者没做成功,尤其是没做成功的,坐下来把当时的这个事情,我们预先怎么定的、中间出了什么问题、为什么做不到,把这个要理一遍,理一遍以后,下次再做的时候,自然这次的经验教训就吸收了。

复盘的三个关键词

作为一种基本方法论,要理解复盘的精髓,须掌握三个关键词。

亲身经历

我们人类的学习途径与方式有很多,按照来源,可以分为从自己学习和向他人学习两大类。从自己学习的主要方法就是复盘,因为自己过去经历的事件是成人获取信息、对信息进行加工与处理的主要途径。其他的方式与来源可能还包括顿悟、创新性的涌现(如 U 型理论)等。向他人学习也很普遍,大家都比较熟悉,如前人总结出来的教科书、案例或经验教训,以及标杆学习(benchmarking)等。

过去

组织学习大师彼得·圣吉(Peter Senge)曾讲过,从本质上看,我们人类只能通过"试错法"(try-error)进行学习。大卫·库伯(David Kolb)提出的"经验学习"模型也是成人学习领域最主要的基础理论之一。虽然按照麻省理工学院奥托·夏莫(Otto Scharmer)博士的说法,仅仅向过去学习是不够的,我们还需要向正在涌现的未来学习(参见他提出的"U 型理论"),但不可否认的是,成年人最主要的学习来源仍是过去的经验,而复盘就是从自己过去的经验中进行学习的结构化方法。

学习

复盘的本质是从过去的经验中学习,但大家对"什么是学习"仍存在诸多理解上的差异,有的认为获取一些知识或信息就是学习,有的甚至将培训、听讲等具体形式看成学习。

在我看来,所谓学习,指的是获得一些启发、见解,提升自己的见识和能力,从而提高个人的有效行动能力。这是"知行合一"的,不仅要获得一些经验或教训,更要落实到行动中,提高人们未来行动的能力与绩效表现。正如人们常说的"实践是检验真理的唯一标准"，只有落实到行动上，让自己的行动更为有效（绩效得以改进），才是学习的出发点和落脚点，是学习的根本目的。事实上，《荀子·儒效篇》中讲到："学至于行而止矣"，也就是说，只有真正知晓，才能指导自己的行动；只有能够践行，才算是完整或真正的学习。在这方面，复盘也要注重行动的改进，不能仅仅明白了"这样做不对"就完了，也不能只是做了一些所谓的"推演"、假设就完事大吉了，必须跟进、落实，看看后续的行动是否更加有效。这才是检验复盘质量的关键要素。

复盘，而非总结

许多人都有做工作总结的习惯。那么，这是不是复盘呢？

我的看法是：从某种意义上讲，复盘与工作总结有着本质上的区别。具体来说，复盘与总结的区别有以下三个方面。

1.以学习为导向

复盘的目的是让个人和团队能够从刚刚过去的经历中进行学习，因此必须有适宜学习的氛围和机制，包括不追究哪个人的功过得失、不批评、不表扬，只是忠实地还原事实、分析差异、反思自我，学到经验或教训，找到未来可以改进的地方。而一般工作总结的目的是对前一阶段的工作进行小结（画个"句号"），往往会以陈述自己的成绩为主，经常与绩效考核或能力评定等挂钩，因而不提或少提缺陷与不足，也不必然包含深入的反思与剖析。

2.结构化的流程与逻辑

我们都知道，总结是对一定时期的工作或某个事件的梳理、汇报，每个人依自己的习惯和悟性，对已经发生的事件、行为及结果进行回顾、描述，通常并没有固定的模板和结构，并不必然包括对目标与事实差异原因的分析，以及经验提炼等要素。但复盘是以学习为导向的，为了让学习发生，必须遵从特定的步骤与逻辑，不仅回顾目标与事实，也要对差异的原因进行分析、得出经验与教训，并转化应用，才能算是一次完整的复盘。

3. 复盘更适合以团队形式进行

虽然个人也可以进行复盘，但在更多情况下，由于现代组织中许多活动都是多人、多部门协同完成的，因此复盘通常是以团队形式进行的。

事实上，复盘是一种非常重要的团队学习与组织学习机制，通过集体深度汇谈，团队成员不仅可以相互了解彼此的工作以及相互关系，而且可以超出个人的局限性，让人们看到整体，并激发出新的观点。而工作总结往往只是个人的观点，不可避免地是片面、局部和主观的描述。

复盘的优势与局限

在围棋中，棋手们为了提高自己的棋力，既可以采用"复盘"的方法，也用"打谱"的方法，即研究、观摩前人或高手的经典棋局对策来学习。

复盘与打谱这两种学习方法各有优势，也各有局限（参见表1-1）。

表 1-1 复盘与打谱各有优势与局限

	优势	局限
打谱	简单、快捷、广博	"纸上得来终觉浅",经过他人的抽象、概括,需要学习转化,"知易行难"
复盘	"绝知此事要躬行",具体、生动、深刻	数量或机会有限,悟性因人而异,且存在一定的偶然性

相对于复盘,打谱的优势有二:一是站在前人总结、提炼出的经验基础上,可以快速入门,不走弯路,不用"自己发明车轮";二是避免个体实践的偶然性局限,有助于打开视野。但是,打谱的劣势或局限性在于"纸上得来终觉浅",也就是说,前人提炼的知识有一定抽象、概括性,个人的理解可能参差不齐,不像个人实践那样具体、生动、深刻,因而在"学以致用"环节中,往往存在"知易行难"的鸿沟,学习转化率不高。

相反,复盘的优势是它基于每个人具体、生动的实践("躬行"),如果能够深入地反思,可以实现"绝知此事",也就是说,通过个体的身体力行,我们可以获得大量第一手信息,深入分析、举一反三,可以把握事物的一般规律,从而更好地将其应用于未来类似的场景或工作任务与挑战中。当然,要做到这一点,前提是把复盘做到位,而不是走形式。

与此同时,复盘这种学习方法也有局限性:一是它基于个人实践,每个人的反思、分析、提炼的深度都有差异,你以为发现了事物的规律,实际上可能并非如此;二是个人实践终归是有限的,就像职业围棋棋手终其一生,高质量的对弈也只有数千盘;如果只是依赖复盘,即使个人悟性很高,也可能存在一定的偶然性。

因此,我们每个人不要迷信任何一种方法,需要综合使用,以扬长避短、各取所长，更快、更好地提高自己的能力。

复盘与行动学习、培训、绩效改进的区别与联系

近年来，在企业学习领域，行动学习、绩效改进都是比较热门的话题与技术，许多人搞不清楚它们与复盘之间的区别与联系。因此，在行动时犹豫不决。

简单说来，行动学习（action learning）是一种正式学习的项目设计方法论，指的是针对一个具体问题，组建一个团队，让其在一位教练的引导下，发挥探询与质疑精神，通过解决这个问题的具体行动过程，获得相关的知识、见解或展现某些能力。而复盘是通过对自己亲身经历、已经发生的事件或行动进行回顾、总结来学习。因此，复盘与行动学习有着很大的差异（参见表 1-2）。

表 1-2　复盘与行动学习、培训与绩效改进的区别

	复盘	行动学习	培训	绩效改进
表现形式	一次团队会议及之前的设计、准备与之后的跟进、落实过程	一项任务、课题及一系列学习活动	一次事件/活动，或一个过程	一个定义目标及问题分析与解决的过程
学习来源	对自己亲身经历的事件或行动，进行结构化反思	一个团队通过解决某个问题的行动过程来学习，包括探询与质疑、团队讨论、教练指导、结构化知识等	讲师或引导者设计并实施的教学活动，包括听讲、讨论、角色扮演等方式	对造成绩效差距的根本原因进行分析，并采取有针对性的干预措施，如培训或工作辅助工具等
发起与实施主体	人人均可设计与实施；可以个人复盘，但更主要的是以团队方式进行	需要专门的设计和运营（通常是培训部门或外部顾问）	通常是培训部门或培训师	通常是培训部、培训经理或绩效改进顾问、HRBP
场域	通常是在工作现场	包括集中学习、讨论和分散行动	通常是在工作场所以外进行	通常是与工作结合

按照表 1-2 所列的特征，复盘属于发生在工作现场、可以由每个管理者或员工发起的"非正式学习"，而行动学习、培训均需要专人设计与实施，属于"正式学习"范畴。与表中其他三类不同，绩效改进的目的在于提升员工或部门的工作表现，其采取的措施可能包括培训（正式学习）、工作辅助工具（绩效支持，属于非正式学习范畴），也可能是改进工作流程、环境、调岗、明确工作职责与范畴等组织措施。在某种程度上，绩效改进类似一个咨询项目。

表 1-2 中的几种学习技术都有其优点，也有其适用条件，不可偏废。在实际工作中，可以根据需要，选择最适合的方法。当然，也可以把它们组合起来使用。例如，把复盘嵌入行动学习、绩效改进项目之中，对每个阶段进行回顾，快速调整；项目结束之后，也可以进行系统、全面的复盘。再如，每次培训结束之后，也可以进行复盘，以便后续改进；在一定时间之后（如一个月或季度），对做过的各种培训进行复盘，发现调整的方向或潜在的提升空间。

关于复盘的几个常见误解

在和大家交流的过程中，我发现，许多人对复盘有很多误解。概括而言，有以下几个常见误解。

误解 1：可否对他人之事进行复盘

有些人会问：我们可不可以对其他人的事情进行复盘？有一本书也提出可以"复盘他人"。其实，我认为这是因没有理解复盘的本质而产生的误解。

如上所述，复盘的本质就是每个人从自己亲身经历的事件中进行总结、学习。所以，我们不能对他人的事件进行复盘——综合各方面的信息，对他人的事件进行研究、推演或模拟，从中获得一些启发或借鉴，这种方法是"案例研究"。虽然案例研究也是一种很重要的学习方法，但是，因为你不是当事人，不管这个案例写得多么详细，其实都很难还原事实，也无法复现当时的情境，无法让人完整地执行整个复盘的逻辑。所以，案例研究与复盘的信息来源截然不同，学习发生的原理也有明显差异，二者属于不同的学习类型。

误解2："项目后评估"是复盘吗

很多公司都有类似"项目后评估"的机制，也就是说，做完一个项目或一件事之后，大家坐下来，对其进行讨论、评估或反思。这是不是复盘呢？

我觉得，要回答这个问题，不要只看形式或使用的术语，而应把握其本质。按照复盘的学习机理（参见第2章），真正的复盘一定要对成功的关键要素或者失败的根本原因进行分析，从中学到经验和教训，而不只是简单地回顾或回想，更要与绩效评定与奖惩适当区隔开。虽然我不否认简单的事后回想也有价值，但如果没有进行系统的分析，你以为"要是怎么怎么做就更好了"很可能只是一厢情愿的臆测，也许还有其他限制因素，如未经过深入、系统的分析，并未被发现；如果真的那么做了，说不定会出现其他问题。因此，复盘要包括一个完整的学习逻辑，从严格意义上来说，简单地事后回想不是复盘。

当然，如果你在做"项目后评估"（或者其他术语）时，能有开放的心态、适当的氛围，大家也进行了系统的分析与反思，产生了集体的学习，那么这本质上也就是在做复盘。

误解 3：复盘是不是一种问题分析与解决的方法

在实际工作中，很多人把复盘当作一种问题分析与解决的办法，通过回顾，找出工作中存在的问题，对其进行原因分析、找出对策，制订行动计划。这种做法合适吗？复盘是一种问题分析与解决的办法吗？

虽然按照复盘的一般过程，需要回顾目标与过程、评估结果，也可以找出一些亮点或不足（问题），并对其进行根本原因分析，但是，在我看来，这并不意味着复盘就是一种问题分析与解决的方法。事实上，我认为不能把复盘和问题分析与解决混淆起来。原因有二：

首先，二者目的不同。复盘的目的是从经验中学习，虽然"学习"也包括解决问题、改正不足，但这只是学习的一部分，并非学习的全部。在实践中，除了一些短平快的非正式复盘可用于或侧重于解决问题，大多数复盘都需要超越问题分析与解决，从广度和深度两个方面进行拓展，以充分体现学习的价值：从广度上看，不仅要从失败或不足、问题中学习，也要全面权衡，把握对学习最有价值的点，包括亮点或成功的做法；从深度上看，不只是解决问题、改正不足，也要深入反思，并举一反三，找出本质与规律。

其次，将二者混同会产生"副作用"。在复盘时，只注重问题分析与解决，不仅无法发挥复盘这种方法的威力，而且可能让人们过于关注工作任务或问题本身，削减了反思和学习的成分，达不到复盘的效果。若为了解决问题而采用复盘的方法，这个过程就会显得过于"笨重"或烦琐（就像"杀鸡焉用宰牛刀"），也不一定能很好地达到解决问题的目的。

因此，在实际工作中，如果你的目的就是解决问题、推进工作，那就可以不做复盘，直接采用市面上很多问题分析与解决的方法；相反，如果你希望不只是解决问题，而是能从工作中学习、帮助我们个人和团队提升能力，就不应该只是关注问题或任务，而应按照复盘的精髓和流程，进行深入的探询、系统的分析，真正从中学习。

误解 4：对于变化快的行业，复盘有意义吗

有些人认为，现在变化那么快，复盘只是对过去经验进行总结，会不会没有意义？从过去经历中"复"出来的经验或教训，对于未来是否有指导作用？

我觉得，这个担忧是不必要的。因为复盘不是简单地回顾、重复过去事情的经过；复盘需要进行深入的分析，找到事物的内在规律，并以开放的心态进行全面的反思，包括目标制定得是否合理，环境是否发生了变化，现有的策略打法是否有效，有无创新的可能，等等。如果发现环境变了，导致我们的目标、组织方式、策略打法等需要调整，也要及时去调整。事实上，虽然行业变化快，但肯定也存在一定规律和关键成功要素，尤其是应该快速试错、迭代优化。为此，复盘不仅有重要意义，也是成功之关键。它不是让你去"低头拉车"，而是让你"抬头看路"、洞悉本质、把握关键、快速创新应变。虽然从过去的事件或项目复盘得出的具体结论并不能（也不应该）直接应用于未来，但这并不意味着我们可以不做复盘，或者复盘没有意义。恰恰相反，对于变化快的行业而言，谁能真正善用复盘，谁才能更快地迈向成功。

误解5：复盘会不会影响创新

复盘主要是从工作经历中学习，有人担心，复盘会不会"固化"成功，导致僵化，从而影响到我们的创新？甚至有人认为复盘只是看"后视镜"。

在我看来，有人有这样的担心或错误看法，是因为他们还没有理解、把握复盘的精髓。虽然总结过去的经验，可能让有些人形成"经验主义"，但是，如前所述，复盘是以学习为导向的，真正到位的复盘要挖掘到成功背后的关键因素和失败的根本原因，找到问题的本质与规律，并且保持一个开放的心态，对内外部环境、目标、策略以及执行过程进行反思、分析，这也是复盘必不可少的要素。因此，真正的复盘不是只看"后视镜"，它不仅不会导致封闭、僵化，反而有助于激发创新，让组织不断变得更敏捷。

事实上，一些领先的互联网公司，像谷歌、腾讯、阿里巴巴、小米、美团等，都在积极地利用复盘，推进快速迭代与创新。实践表明，复盘中的集体反思有助于激发创新，实现持续改进与提升。

复盘的由来

如果作为一种思想和工作方法，复盘的历史可谓源远流长，许多个人和组织曾使用过类似方法。例如，中国有许多古谚都揭示了类似道理，像"前事不忘后事之师""吃一堑长一智"等；一些先贤也通过不断总结、反思来提升自身的修为，像曾子"吾日三省吾身"、曾国藩等；在近代，中国工农红军就是在打仗中学习打仗，在红军长征途中曾进行过数次具有重大历史意义的"复盘"会议。

　　复盘作为一种管理方法在企业中应用,在中国最早是由联想集团创始人柳传志先生开始的。

　　20世纪90年代末期,柳总阅读了《曾国藩》一书,书中提到曾国藩有一个习惯,就是做完一件大事之后,点一炷香,把整个过程细细地想一遍。受此启发,他感觉这种做法很符合自己的工作/思考方法,是一种简单有效的从经验中学习的方法,因为他并不是学企业经营与管理的,在下海创办联想之前也没有任何企业的工作经验,都是边干边学,从自己和他人的工作经历中学习的。在思考、总结的基础上,柳总于2001年第一次在联想提出了"复盘"这种说法,并开始通过言传身教等途径在公司内部进行推广。

　　2009年,受国际经济危机影响,联想集团2008/2009财年出现了巨额亏损,柳总重新出任董事局主席,在调整了领导班子之后,通过联想"管理三要素"("搭班子、定战略、带队伍")的应用,采用复盘等方法,当年实现了扭亏。同时,柳总在任董事长期间,最主要的一项工作就是在全球推广联想的企业文化。在他的亲自指示和领导下,联想管理学院对复盘方法论进行了研究,于2011年将复盘方法结构化,形成了一整套规范的流程,并在联想集团全球范围内推广。

　　2012年,"联想复盘方法论"开始作为"联想之星"第四期课堂上独立的一门课程,旨在以此为切入点,提升初创企业一把手的学习能力,帮助创业者更有效率地提升企业经营水平,促进其形成适合自身的方法论等企业文化。同时,君联资本也在自身内部持续践行复盘的同时,为其投资的企业进行复盘培训和指导,有力地帮助了被投企业的成长。2015年5月7日上午,国务院总理李克强视察了中关村创业大街，了解了"联想之星"的复盘实践，给予其高度评价，指出：你们把中国围棋复盘的理念运用到创业中来，这本身就是一种发明。在复盘当中可以看出哪一步走错了，哪一步走得特别精彩……把这个思想传播出去，不仅能创造物质财富，还能够创造精神财富。

或多或少受到联想的影响，国内一些企业也广泛地使用了复盘这种方法，包括万达、阿里巴巴、拉卡拉、江淮汽车、西南水泥等。

在美国，最早采用复盘的是美国军队，它们将其称为"行动后反思（AAR）"。美国陆军对AAR的定义是"对一个事件的专业讨论，以绩效表现为核心，重点放在帮助参与者自己发现发生了什么，为什么发生，如何保持优势以及改正缺点"。

AAR是在20世纪70年代中期被引入军队的，最初是为了从国家培训中心（National Training Centers）的模拟战斗中快速学习。后来，该项技术慢慢得以扩散，按照陆军参谋长的话来讲，他们花了十多年的时间，才让这一过程被一线军官广为接受，并融入部队的文化之中；只是在最近几年，AAR才成为一项通行的做法。转折点就是海湾战争。在沙漠之中，一组组士兵聚集在散兵坑中或者坦克周围，回顾最近的行动，寻找可能的改进。就这样，AAR自发地流行开来。美军在海地的军事行动又使其向前走了一大步。在那里，AAR第一次被纳入整个运作过程之中，并被广泛用来捕获和散播知识。

由于成功地应用了AAR，美军的执行力、领导力和作战能力得以持续提升，开始受到许多企业的重视。向美军学习，一时之间成为一种潮流。受此影响，复盘也逐渐走入更多企业，包括英国石油公司、联邦快递、巴克曼实验室、Analog Devices等。

与 AAR 在本质上相通的类似实践包括"项目回顾"（project retrospect）以及"知识收割"（knowledge harvesting）等，也在不少企业中得到了应用，并有日益重要和普及的趋势。

为什么要复盘

从复盘的定义来看，复盘无论对个人学习与成长，还是对团队与组织能力提升、绩效改善，都具有重要意义和价值。

事实上，联想、美军、英国石油公司、万达等企业和机构都已经形成了体制化的复盘实践，并从复盘中获得了极大的价值，有力地促进了组织的发展。

接下来，我们将通过美军、联想的实践，总结、提炼复盘的价值。

美军通过 AAR 打造执行力和领导力

在美军司令部出版的《AAR 领导者指南》序言中提到：现代战争复杂多变，为了赢，在和平时期，我们必须加强训练，让战士们可以在战时成功完成其使命。我们必须利用每一次训练机会，改善战士、军官和作战单位的绩效。AAR，可以给战士们和作战单位训练与实战任务的表现提供反馈，识别如何纠正偏差、增强战斗力，以便更好地完成任务……合格的领导者必须理解并能应用规范的 AAR 技巧与程序。⊖

AAR 在美军中的应用最早可追溯到 20 世纪 70 年代。当时，受

⊖　Headquarters Department of the Army，A Leader's Guide to After-Action Reviews，1993，http://www.au.af.mil/au/awc/awcgate/army/tc_25-20/tc25-20.pdf.

越战失败的打击，美军的士气与战斗力都陷入低谷。约翰·奥沙（John O'Shea）上校指出：当时，军方高层一致认识到需要做出改变，而这些改变要从对训练表现做出坦诚公正的评价开始。只有实事求是，才能调整训练方法，提升战斗力，推动组织学习。为此，他们发现并开始推动行动后反思，虽然最初的目的在于促进训练效果的提升，但是持续不断地进行 AAR，不仅有助于提高组织整体的执行力，也是一种提升领导力的核心工具。依靠 AAR，以及经验学习中心（Center for Army Lessons Learned，CALL）的建立，美军的组织学习能力得到了极大的提高。

下面，让我们从一个实际案例说起。

⊙ **案例　AAR 助力美军海地维和行动**

1994 年，美国陆军在海地执行维和任务，包括协助海地政府维持地方秩序、机场监管、逮捕与监禁罪犯等。在执行这些任务时，美军置身于一个复杂多变的环境中，并受维和部队制度所约束。在此限制条件下，美军初期遇到了不少瓶颈与困难。为解决上述难题，美军将 AAR 机制充分运用在此次维和任务中，据以检视任务达标率及修正下次任务执行的手段及方法。

对于第一个进入海地执行任务的军事单位来说，他们的一项重要任务就是找出需要维持的活动。因为士兵们面临许多不熟悉的挑战，例如维持和平、运送食品、监视选举，甚至是收集垃圾，因此，他们需要对所有的任务进行回顾，并为后来的单位开发出一套标准的操作程序。对此，AAR 就是他们的主要工具。正如一位参加者回忆道："我们对每一件事都进行 AAR。"班组几乎每天都要以口头或者其他非正式的形式进行 AAR；大部队在每次关键任务之后也要进行 AAR，并用正式的报告来提交结果；排领导每周进行 AAR，并将他们的发现提交给指挥官，供进一步的提炼和回顾。迅速的反馈推动了迅速的执行，明显提高了学习的速度。

有一次，负责把士兵运送到海滩地区执行任务的一个小分队，在完成任务后，比预定返回时间晚了好几个小时。对于该事件，小组成员向上级汇报了事件发生经过，原来是运输士兵的卡车轮胎陷到了沙滩上，虽及时处理脱困，但仍无法依预定时间返回部队。随后，相关人员进行了简短的 AAR，针对整个任务执行过程做了翔实、公开、公正的检讨，其中没有任何责备，只有开放的讨论气氛。最后，他们找出了事件发生的关键点："车辆进入沙滩区，没有捆扎防滑链。"之后，他们将此事件 AAR 所获得的经验教训上报，并将此项经验列入其后执行该类任务的标准作业程序。

第一个进入海地首都太子港执行维和任务的作战部队惊异地发现，运送婴儿是他们的一项重要任务。但在运送婴儿的过程中，常会遇到一些有关孕产妇及婴儿的专业医疗问题，而美军随行的医务人员并未全部受过专业的儿科及妇产科医学训练，因而导致婴儿运送上的困难，也延误了许多任务执行的宝贵时间。为此，美军立刻针对此类事件，进行 AAR 讨论，找出了解决事件的关键点："以后所有参与维和行动的医务人员，应立即接受儿科及妇产科医学培训，以应对紧急突发事件。"会后，他们将此事件研讨结果记录成一个 AAR 经验教训，以保证以后训练和执行类似任务时能圆满完成。

在海地执行秩序维护任务时，常常会遭遇到当地武装叛乱分子的袭击，造成美军不等程度的伤害。针对此类事件，美军立即进行

AAR，审查当前流程，并讨论应该如何去克服抵抗。在一次AAR中，士兵们注意到，在那个地区没有狗，当地人对军警所用的德国牧羊犬非常恐惧。他们建议，也许应该更多地使用警犬。在下一个城镇，他们把警犬放在前面，对方很快放下了武器。

不久以后，在另一次AAR中，士兵注意到，在他们肃清整个城镇时没有碰到妇女。如果他们中间有一个女兵的话，也许会在缴械过程中收到一定成效。在下一个村庄，一个单位任命了一位女指挥官作为领导，并公开展示了她的权威。结果，在解除非法武装方面进展更加顺利。

在另外一次AAR中，士兵们注意到，"当在街上遭遇武装分子时，抵抗会非常明显，但如果逐户搜查，则较容易解除武装"。于是，他们改变了作业方式，逐门逐户地搜寻，结果找到了更多的枪械，亦减少了不必要的冲突以及美军伤亡事件。

一开始，士兵们发现有很多领域需要加以改进，只要让自己比前人做得更好就可以了。但随着经验的积累，问题越来越少，人们的注意力也转向了如何保持成功。最终，各单位都形成了一系列"工作指引"，即将自己的最佳实践记录下来，写成书面的报告，并将它们提交以供回顾。很多最佳实践被写入了军队的纪律，同时被美军经验学习中心和国家培训中心用来为后续单位即将开始的新任务做准备。

AAR 的四重功效

虽然上述案例只是美军运用AAR的一些"碎片"，但已经展示了 AAR 的巨大价值。概括来说，我认为，AAR 对美军的功效包括以下四个方面。

1. 增强训练效果

美军相信，从经验中学习对于提升士兵的战斗力是非常重要的，而要想增强训练的效果，离不开有效的评估。但是，不管指挥官经验有多丰富，他都不能看到每一个战士和士官在训练中的实际表现，而通过 AAR，指挥官可以了解作战单位在训练中的实际表现，提供真实而有效的评估和改进意见，从而最大限度地增强训练效果。因此，美军将 AAR 称为评估过程的"基石"（keystone）。

事实上，AAR 几乎是所有陆军训练项目的组成部分，但其作用远不止于训练范围。美军强调，AAR 是在战斗环境中所运用的最有效的技术之一。一个有效的 AAR 花不了多少时间，几乎可以在任何保障安全的地点进行，却可以帮助作战单位发扬优势、巩固技能、快速学习，确保不犯重复的错误。

2. 打造执行力

美国陆军埃里克·辛塞奇将军认为，得益于 AAR 等技术的应用，美军自 20 世纪 70 年代中期以来，进行了一场巨大的培训变革，它完善了训练条令，改进了训练技术，提高了战绩达标率，不仅提升了士兵的个人能力，也改进了团队的集体表现，这一切都提高了美军整体应战水平。⊖

3. 培养领导力

美军将 AAR 视为一种领导力工具，不仅在国家训练中心中广泛使

⊖　美国陆军，美国领导交流协会.美国陆军领导力手册 [M].向妮，译.北京：中国社会科学出版社，2004：160.

用，用于培训各级士官，而且要求各级军官均掌握 AAR 的引导技术，并在自己的团队中使用，从而使得 AAR 成为美军的一种"标准动作"。

AAR 是美军领导力培养中的一项主要方法，是陆军一项非常重要的工具。正如辛塞奇将军所说："每一天，我们都反复让自己做好两件事情——训练士兵，并促使他们成长为领导者。"《美国陆军领导力手册》也指出：主持 AAR 的能力对陆军领导者来说很关键。从班长、排长，到最高战略层的各级领导者都要运用 AAR 来促进学习以及绩效的提升。例如，1999 年，时任国防部长的威廉·柯恩和联军参谋部主席亨利·谢尔顿将军，曾向参议院军事委员会做了关于科索沃战争的 AAR 报告。

美军的经验表明，AAR 能够促进并培养团队合作，加强明确无误的沟通，强调个人责任，确保士兵更快更好地提升战斗力、符合标准要求。长期坚持 AAR 的结果是，促进了组织信任的发展，领导水平日益精进，在符合规范、强化协作的基础上，让美军在任何场景、任何环境下，都能保证领导力的有效性。

4. 提升组织智商

由上面提到的美国陆军在海地执行维和任务的案例可知，AAR 机制带给美军的实际效益是快速总结"经验教训"，并快速传承、共享，优化组织集体行动力。

通过 AAR，成员进行开放式讨论，可以坦承面对事件发生的错误，使问题能更具体地呈现出来，发现之前训练和能力等方面的不足，并透过集思广益的探讨，针对问题寻求解决方案及做法，使执行下次任务时避免犯同样的错误。

值得说明的是，经过海地维和任务 AAR 机制所得到的经验教训，已成为美军此后执行类似行动的基本规范。而 AAR 机制也成为美陆军部队文化的一部分，增强了整体的作战能力。

　　AAR 在美军的实践及其显著成效，引起了企业界的广泛关注，一时间形成了一股"向美军学习领导力""向美军学习执行力"的风潮。组织学习大师彼得·圣吉也曾表示：有证据表明，美军的 AAR 是至今为止所发明的最成功的组织学习方法之一。⊖

联想做复盘的四个理由

　　联想是中国最成功的民营企业集团之一，自 1984 年成立以来，不仅保持了连续 30 余年的高速成长，而且在 IT、投资、科技地产、农业等多个领域实现了多元化发展。更重要的是，联想集团在 2004 年并购了 IBM PC 业务，成功地实现了全球化运作，之后还经历了一系列成功的并购，包括日本 NEC 的 PC 业务、IBM X86 服务器业务、摩托罗拉手机业务等，在多个领域占据了全球领先地位。我曾在联想集团工作多年，对联想为什么能取得这些傲人的成绩也进行过系统的分析和思考。在我看来，联想的成长与复盘有着很大的关联。⊜

　　按照联想多年应用复盘的实践经验总结，复盘的价值包括以下四个方面。

　　1. 知其然，知其所以然

　　在联想有一个著名的"把式论"，即能说会干，是真把式；能说不会干，是假把式；能干不会说，是傻把式。按照我的理解，所谓

⊖　美国陆军，美国领导交流协会 . 美国陆军领导力手册 [M]. 向妮，译 . 北京：中国社会科学出版社，2004：159.

⊜　邱昭良 . 学习型组织新实践 [M]. 北京：机械工业出版社，2010.
　　邱昭良 . 学习型组织新思维 [M]. 北京：机械工业出版社，2003.

"会说"，指的是能把一件事情该怎么做事先清晰地描述出来，这样干成了就是"瞄着打"的；相反，如果没有事先的分析和筹划，即使干成了，要么可能是"蒙着打"的，靠的是运气，要么就是糊里糊涂，搞不清楚"为什么"。这样的干部，下次做事情的时候，若稍有变化，很可能还是会出错。

因此，联想认为，除了看结果的好坏，也要看做事的人能否从中学习，也就是区分"有意义的失败"与"无意义的成功"（参见图 1-1）。

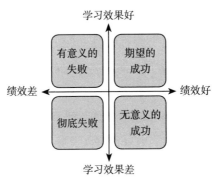

图 1-1　绩效与学习矩阵

所谓"有意义的失败"，指的是虽然事情做错了，或者绩效表现不好，但是做事的人能够从中学到经验教训，搞清楚失败的真正原因和改善的措施，这样的话，他下次再做类似工作时，很可能就不会再犯同样的错误。这种犯错是有意义的，这种失败是值得宽容的。因为"人非圣贤，孰能无过"，我们人类就是不停地通过"试错"来学习的。

同时，如果不允许别人犯错误，不宽容失败，组织中就没有人愿意尝试新的做法或新行为，只会按部就班、听从上级的命令，或者刻板地按照规章制度、既定程序来行事——这样的话，整个组织就不会有创新，没有人愿意变革，组织就没有生命力和适应力。

相反，"无意义的成功"指的是，虽然事情成功了，但不知道为什么会成功，搞不清楚这里面的关键因素和机理，这种"成功"也可能是偶然的，不可复制或重现，意义并不大。

因此，联想认为，无论成败，通过"复盘"，搞清楚成败的原因，从中学习到经验教训，才是真正重要的。

2. 传承经验，提升能力

联想认为，复盘可以用来考察一个人的学习能力，也是选拔干部的重要参考标准。正如联想集团创始人柳传志先生所说："复盘是联想认为最重要的一件事情。联想经常说，对人，用谁不用谁，就看他学习能力怎么样。对于学习，我自己回顾过来以后，无非是跟书本学，跟自己学，还有一个就是跟别人做的事情学。最多、最深刻的还是跟自己学，跟自己学无非就是'复盘'。一件事情做完以后，做成功了，或者没做成功，尤其是没做成功的，坐下来把当时的这个事情，我们预先怎么定的，中间出了什么问题，为什么做不到，要理一遍，理一遍以后，下次再做的时候，自然这次的经验教训他就吸收了。"

柳传志的这段话，包含以下两个重要观点。第一，成人最主要的学习途径是从工作中总结经验教训。在他看来，复盘是个人学习最多、最主要的途径。

第二，复盘是一种行之有效的经验学习方式，对于干部能力的提升、经验传承具有重要意义。通过复盘，把工作中的经验或教训总结出来，不仅有助于自我能力的发展，而且可以通过与团队成员或在组织范围内共享、传承经验，让个人的发现变成组织共有的智慧，促进组织智慧的提升。

尤其对于 CEO 和领导班子团队建设，联想认为复盘是一种重要工具。柳传志先生说过："学习能力是什么呢？不断地总结，打一次仗，经常地'复盘'，把怎么打的边界条件都弄清楚，一次次总结以后，自然水平越来越高，这实际上算是智慧，已经超出了聪明的范围。"

因此，在联想，柳总非常重视复盘，不仅身体力行，而且大力推动，使得复盘成为联想的一种基本工作方法和习惯。

3. 不再犯同样的错误

人非圣贤，孰能无过？任何人都有可能犯错误，而且公司要想鼓励创新、推动变革，也要鼓励冒险、宽容失败，因为若不宽容失败，就没有人愿意去尝试新的做法，每个人都刻板地按照"规定"去做（因为那样的话，万一错了，自己也可以免责），那样的组织就会僵化、没有活力，甚至出现"宁可不干，不可做错"的诡异现象。但是，错误并不可怕，可怕的是：第一，不能及时发现错误，并采取纠正措施；第二，不能从失败或错误中学习、汲取教训，不能"吃一堑，长一智"；第三，不能进行经验教训的分享，一个地方犯过的错误，其他部门或人员重复再犯。对此，通过复盘，及时发现错误或偏差，查找到原因，学到经验教训，并采取纠偏措施，就是一种有效的应对机制。如果能把复盘的结果进行共享，就可以提高整个组织的智商，做到"不犯曾经犯过的错误"。这是学习型组织的快速检验标准之一。

例如，在联想，允许员工犯错误，但是以下两类错误除外。

一是"吃水线"以下的错误，指的是涉及原则、底线，或者危及组织生死存亡的重大错误。这类错误是不能犯的。例如，在联想，企业文化的核心准则之一是"公司利益第一"，底线是"不谋求个人私利、反对宗派主义"，如果哪个干部触犯了上述"天条"，不管其能力有多强、业绩有多好，也要坚决查处。

二是自己曾经犯过的错误。在联想，选择干部的标准之一是"有很强的总结反思能力"，其基本要求就是"不犯曾经犯过的错误"。公司可以给员工"交学费"，但不能从错误中学习，是不会被认可和重用的。

4. 总结规律，固化流程

在联想发展的早期，规章制度与流程都尚不健全，即使已有的制度与流程也需要快速更新、不断修改完善（因为业务发展变化很快）。为此，他们应用复盘的理念，快速建立并更新各项制度。其做法可简单归结为图1-2。

也就是说，当你做某事时，首先看有没有相应的制度或规定；如果有，遵照规定执行；如果没有，你就自己想个办法先做起来；做完之后，快速复盘，总结、形成相应的制度与规范。

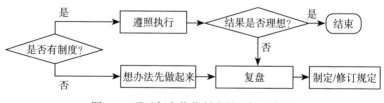

图1-2　通过复盘优化制度的逻辑示意图

如果按照相应的制度与规范执行，过程中感觉存在不合理之处，或者实际执行效果不好，也可以进行复盘，找出根本原因。如果确实是制度或规范不合理或有待改进，则提出修改或完善的建议；如果是自身原因或其他客观原因，则想办法改进或应对。

运用这个简单的逻辑，就可以快速总结出规律，固化形成相应的制度、流程和规范，并持续更新、改善。

复盘：全方位提升组织能力的核心修炼

现在，越来越多的企业开始走出依靠机会或能人驱动的阶段，走向夯实管理基础、全面提升组织能力的"攻坚"阶段。正如海尔集团张瑞敏所说，海尔开始步入"高原期"，遇到了更为严峻的挑战。他后来进一步撰文指出：不仅仅是海尔，管理可能是中国企业更大的短板。对此，柳传志也曾坦言：磕绊联想的其实还是"管理水平"。华为创始人任正非也认为：企业之间的竞争，说穿了是管理竞争。因此，对于许多快速成长中的中国企业而言，组织建设和管理能力提升迫在眉睫，是企业长期健康发展的关键。

那么，如何提升组织能力呢？

一方面，我们可以广泛地向世界各地优秀企业的实践经验学习，博采众长。但另一方面，从自己的行动中学习，也就是复盘，不仅是"学会学习"，对企业的长期持续发展更有意义，而且有时也是唯一可行的途径。事实上，即使是向其他优秀企业学习，将他人的做法为我所用，也要持续地复盘，才能找到其在自己的"土壤"中生长的"配方"。

在我看来，复盘对组织能力提升的价值体现在以下三个方面。

- 对个人而言，复盘是提升能力最有效的方式之一（参见第3

章)。无论是领导力,还是专业力、执行力,都可通过复盘来习得、强化和提升。

- 复盘本质上是一种结构化的团队学习机制,可以促进团队成员之间的相互了解,增强团队协同作战能力(参见第4章)。在很多企业中,各级领导者都把复盘当成一种"带队伍"的方法。同时,这一过程也有助于知识共享与激发创新。

- 复盘有助于提升组织智慧,通过复盘,把发现的经验与教训分享到整个组织,或者固化到制度、流程、规范等组织体系之中。此外,基于复盘,还可以形成闭环的组织学习体系,从而持续优化组织的运作与改善(参见第9章)。

对于提升组织能力而言,最知名的行动框架是彼得·圣吉提出的"五项修炼"。在圣吉先生看来,要想持续不断地创造出自己想要的未来,应对各种挑战,实现可持续的创新、变革与成长,企业需要整合个人、团队和组织三个层面的"五项技术",包括自我超越、改善心智模式、团队学习、共同愿景以及系统思考,以激活全体组织成员的热望、提升团队协作以及应对复杂性挑战,成为学习型组织。

需要说明的是,圣吉先生的"五项修炼"架构自1990年提出以来,引发了全球范围内创建学习型组织的热潮,取得了很大成效,但也面临诸多挑战。对此,基于我个人多年来的实践推广经验,我认为,复盘不仅是实战性很强的组织学习方法与机制,也是整合"五项修炼"的"演练场",可以持续地推动组织变革与创新历程。

首先,如上所述,复盘不仅是个人学习、能力提升的重要方法,也有助于团队协作与知识共享，同时也是企业知识管理与组织发展的核心机制。

其次，实践表明，在复盘的过程中，要想把复盘做到位，需要复盘引导师和参与者全方位地运用"五项修炼"技术，如团队深度汇谈、集体反思、系统思考等（参见第4章和第7章）；同时，通过回顾与反思目标、团队协作过程及结果，也有助于厘清组织或团队的共同愿景、激发自我超越、促进个人和集体心智模式的改善。事实上，团队复盘本身就是一个团队学习的过程。

再次，从本质上讲，创建学习型组织是一个组织变革过程，要塑造共同愿景、激发并推动组织变革，并定期进行复盘，对变革历程进行系统的回顾、分析、反思，以找出影响组织变革的关键要素及规律，从而更好地推动组织朝着自己期望的未来迈进。

简言之，复盘是全方位提升组织能力的核心修炼，也是提升组织学习敏捷度、推动组织持续发展、打造学习型组织的重要基石。

回顾与练习

1. 要准确理解复盘的精髓，需要把握哪些关键词？

　　A. 亲身经历　　　　　　　　　　B. 过去

　　C. 学习　　　　　　　　　　　　D. 工作回顾与总结

2. 我们可以对他人的事情进行复盘吗？

　　A. 可以，旁观者清嘛　　　　B. 不可以　　　C. 得看具体情况

3. 我们可以对尚未发生或还没有结果的事件或活动进行复盘吗？

　　A. 可以，在头脑中反复推演　　B. 不可以　　　C. 得看具体情况

4. 如何理解复盘"以学习为导向"？

　　A. 获得一些经验或教训　　　　B. 形成或提升能力

　　C. 改善未来行动　　　　　　　D. 团队研讨

5. 复盘与工作总结最主要的区别有哪些？

　　A. 复盘是结构化的总结方法，要遵循特定的流程或逻辑

　　B. 复盘是以学习为导向的，工作总结不必然产生学习

　　C. 复盘通常是以团队形式进行的

　　D. 工作总结通常与绩效考核挂钩，复盘应相对开放、中立

6. 请思考并简要解释：对于围棋棋手来说，"打谱"和"复盘"这两种有助于提升棋力的学习方法，各有哪些优劣势？

7. 美军 AAR 的功效有哪些？

　　A. 增强训练效果　　　　　　　B. 打造执行力

　　C. 培养领导力　　　　　　　　D. 提升组织智商

8. 联想做复盘的理由有哪些？

　　A. 知其然，知其所以然　　　　B. 传承经验，提升能力

　　C. 不再犯同样的错误　　　　　D. 总结规律，固化流程

9. 请结合你个人或所在机构的情况，思考复盘对你的具体价值。

扫描二维码，关注"CKO 学习
型组织网"，回复"认识复盘"，
查看部分参考答案与解释。

第 2 章

· CHAPTER 2 ·

复盘之道

在中国古代智慧中，任何学问都要讲究"道、法、术"。其中，"道"是基本原理、规律与规则；"法"是实践/落实的方法、策略；"术"是具体的方式、措施与工具。中国人讲究"以道驭术"，也倡导"道、法、术"三者兼备。也就是说，以基本原理来指导具体的实践，各项方法与措施要符合"道"的精神。

事实上，复盘之所以是一种行之有效的从经验中学习的方法，源于其操作手法内含了学习的机理，而且与工作/行动结合起来。

在本章中，我们先阐明一下复盘的学习机理，也就是"复盘之道"，探讨它与 PDCA 循环的区别与联系。在我看来，复盘既支持单环学习，也支持双环学习。基于美军、英国石油公司和联想的实践，总结、提炼在企业中操作复盘的一般手法和常见类型。这四类复盘，"道"相同，但具体操作手法与用到的工具（"术"）各异。

U型学习法：复盘的学习机理

关于学习，《荀子·儒效篇》中讲到："不闻不若闻之，闻之不若见之，见之不若知之，知之不若行之。学至于行而止矣。行之，明也；明之，为圣人。"也就是说，只有能够践行，才算是完整或真正的学习。为了让学习发生，需要经历四个步骤，如图 2-1 所示。

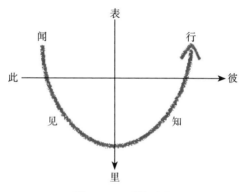

图 2-1　U 型学习法

闻

所谓"不闻不若闻之"，指的是人要想有学习与成长，必须有广博、丰富的经历（"闻"），为此，要努力争取机会多去体验，在有体验的基础上，必须及时对过去的经历进行回顾、梳理，使其成为有意义的学习"原材料"。如果没有经历，只是空想，几乎不可能产生学习（因为无法验证真伪）。

见

所谓"闻之不若见之"，指的是不仅要回顾、梳理，更要能够进行深入的分析，力争发现成败优劣的根因与关键，产生一些"洞见"或觉察。如果只是简单地工作总结，没有反思、分析，那就只是机械重复，难以学习到有价值的东西。即使你阅历丰富，但没有见地，你的观点就可能是片面、浅薄、零散或错误的。正如荀子所讲："故闻之而不见，虽博必谬。"

知

所谓"见之不若知之"，指的是不要停留于本次经历的"洞见"（因为基于特定情境、特定任务产生的看法可能存在偶然性或局限性），还要"举一反三"，深入地探究、了解事物背后的规律，并且考虑到各种可能的变化以及未来的适用性（延展性），从而提炼出适合未来、其他情境下此类任务的更好的打法。这是一种"知识"或采取有效行动的能力。相对于个人过去的认知状态，这是一种创新。对此，荀子认为"见之而不知，虽识必妄"。也就是说，如果没有举一反三，了解到一般性的规律，即使对具体经历有了洞见，也是虚妄的。

行

所谓"知之不若行之"，指的是学习是知行合一的，只有将"知"应用于实践，指导自己的行动，提高行动的效率和效果，才是真正的学习。因此，要基于学到的经验与教训（"知识"），结合自己下一步的任务与挑战，有效地应用所学，提高行动的效能。只有经过实践的检验，才能证明你真的学到了、会用了，变成了你的能力，可以英明地应对各种挑战（"明之"）。因此，荀子认为"学至于行而止矣"。如果没有做到后续的转化、应用，即便是真的"知"了，具备了渊博的知识，在实际行动时也会困顿。这就是荀子所讲的："知之而不行，虽敦必困"。

从思维的脉络上看，以上四步是由表及里、由此及彼的过程。

第一步的主要动作是对自己的具体经历进行回顾、梳理,这针对的是此处、当前(刚结束或过去)的事件或活动,是具体而生动的("此""表");第二步的关键动作是对比、分析、反思,找出此处事件中自己的利弊得失、亮点与不足,并分析其根本原因、把握关键,不只是看到表象,更要把握本质("此""里");第三步则需要举一反三,进行总结、提炼,看看以后此类事件或相关情况应如何处理,也就是说得到一些经验或教训,这针对的是未来的一般原则或做法("彼""里");第四步的核心在于,将得到的一般原则(经验教训)应用于未来的实际状况(工作任务、问题或挑战),针对的是未来的实际行动("彼""表")。因此,由第一步到第二步是"由表及里"的过程,要求用心、洞悉本质、把握关键;第二步到第三步是"由此及彼"的过程,要求"去粗取精""去伪存真",归纳、总结、提炼出一般规律("经"或"常");第三步到第四步是从理论到实践,要求灵活、创新,注重权变,是"学以致用"的过程。整个过程的轮廓像英文字母"U"(参见图 2-1),故而我将其称之为"U 型学习法"。

基于上述分析,在我看来,要想真正从复盘中学习,就必须遵循特定的程序、逻辑或步骤。

回顾、评估

不仅要梳理事件的过程与结果,也要回顾预期的目标、策略打法与计划。因为事先进行系统的分析、设定科学合理的目标与周密可行的计划,是能力的具体表现;同时,没有目标和计划,就没有一个做比较的参考基准。之后,要将实际结果与预期目标进行对比、评估,找出一些有学习价值或意义的差异(亮点或不足)。

分析、反思

经过对比，发现了一些差异（亮点或不足），对此，要进行深入的分析、反思，找出根本原因，以便"知其然，知其所以然"。事实上，只有真正搞清楚了为什么会形成这些亮点或产生这些不足，找到关键因素，才能进一步提炼、形成经验或教训。在大卫·库伯提出的"经验学习循环"中，他将其称为"反思性观察"，指的是对具体经历进行回顾、反思。

萃取、提炼

在找出了根本原因之后，要"退出画面看画"，思考一下，从这个事件中，我们能从中学到什么？也就是说，什么是这类事件的一般规律？哪些做法是奏效的，值得继承或推广？哪些做法是无效的？这是一个萃取、结晶、提炼的过程。库伯将这一步骤称为"抽象概念化"，也就是总结出新想法或修正现有的抽象概念。但根据我的经验和理解，应"适度抽象"，既不能完全"就事论事"，没有提炼，也不应"过度拔高"，将实践经验概括为高度凝练或普适性的"道理"或原则。

转化、应用

因为学习的目的是更快、更好地行动，所以，要将总结、提炼出来的经验与教训转化到自己的后续行动中，看看需要开始做什么、停止做什么，以及继续做什么？或者，要做哪些改进？无论是个人，还是自己所在的团队与组织都要这样。库伯将这一过程称为"主动实验"，也就是将你复盘所学付诸实践，以观成效。这也是完成学习不可或缺的一个环节。

以上就是复盘的学习机理，是我们做复盘时要坚持的基本步骤或逻辑。我将其称为"复盘之道"。

复盘与 PDCA 既有区别，也有联系

许多人都知道，管理的基本逻辑是戴明发明的 PDCA 环（参见图 2-2），即做事之前先有计划（plan），然后付诸执行（do），及时进行检查（check），看看计划的执行状况，若发现偏差或错误，采取纠正措施（act），包括优化计划或调整实现目标的策略与方法。通过这样的循环，可以将工作落实推进。

图 2-2　PDCA 环

事实上，复盘并非 PDCA，二者侧重点有差异，前者以学习为目的，后者为的是推进工作、解决问题。但是，复盘是与 PDCA 循环密切配合的，也可以说复盘是与 PDCA 循环有交织、结合的组织学习机制（参见图 2-3）。

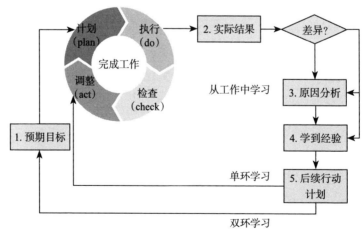

图 2-3　复盘的学习机理

资料来源：邱昭良绘制。

在我看来，复盘与 PDCA 整合的要点包括以下四个方面。

- 复盘第一步要求明确"预期目标"，而这是"计划"（plan）的先导或产出。
- 复盘会回顾"执行"（do）过程，评估执行的"实际结果"，并将其与"预期目标"进行对比。这本身就属于一种"检查"（check）工作。
- 复盘会对"检查"中发现的偏差的成因进行深入分析。在我看来，只有经过审慎的分析，发现或找到了根本原因，才能更有效地拟定"纠偏措施"（act）。实际上，纠偏措施是复盘过程中将学到的经验教训即刻付诸应用的具体体现。除此之外，复盘中还有其他一些学习成果及应用形式，如沉淀、传承最佳实践等。
- 复盘会明确要求人们反思或总结、提炼得到哪些"经验教训"，并将其转化、应用到后续类似工作中。这是 PDCA 循环中没有明确提出的内容，也是复盘有别于工作推进与总结的要点之一。

复盘既支持单环学习，也支持双环学习

组织学习大师阿吉里斯和肖恩（Argyris and Schon，1978）指出，组织学习是组织成员侦查到失误或异常，通过重新构建指导组织行动的理论，并把探询结果整合到组织记忆中，从而纠正错误的过程。基于复盘的原理，我们可知，复盘是一种非常重要的组织学习机制。

此外，阿吉里斯和肖恩将组织学习区分为两类："单环学习"（single-loop learning）和"双环学习"（double-loop learning），前者指的是在既定的组织目标、政策、规范下，检测组织运作的状况，采取改进措施纠正偏差，是一种"适应性学习"，可以实现对现状的改善；后者则是对目标设定、策略等背后的假设、成见、规则等进行反思，不只是纠正表面的错误与偏差，而是可能重新修正目标、政策、规范以及意图等，促进组织内在结构的变革，是一种"创新性学习"。

在我看来，复盘既支持单环学习，也支持双环学习，这主要取决于复盘过程中反思的深度。简单来说，如果在复盘过程中，只是"就事论事"，或进行"战术性"反思，即反思目标执行的策略、方法是否有效，有哪些办法可以改进执行效率，而没去反思目标制定背后的假设与规则、信念、政策等，那就是"单环学习"；相反，如果能够深入反思，发现根深蒂固的思维定式或"经验主义"局限，就能实现"双环学习"（参见图 2-3），实现根本性的创新。

当然，因为深入反思并不容易，这就是复盘"上手容易深入难"的原因之一，也是引导对于复盘的成败至关重要的原因。

企业中常见的四类复盘，道相同，但操作手法各异

复盘的操作手法非常简单，而且其内在的学习逻辑是普遍适用的，因而复盘的应用范围也非常广泛。

基于我个人的实践，我认为，按照复盘涉及的"人"与"事"，也就是参与人员的范围与规模、主题内容的性质，我们可以将企业中常见的复盘分为四类（参见表 2-1）。

表 2-1　复盘的四种类型

	个人	团队	组织
事件 / 活动	个人复盘	团队复盘	
项目 / 任务		项目复盘	
整体经营 / 战略	—	—	经营与战略复盘

上述四类复盘大致可对应于孔子所称的"修身、齐家、治国、平天下"的社会集合层次。

个人复盘

适用于个人对其亲身经历的活动 / 事件以及参与的项目，进行结构化的自我反思，以提升个人的领导力、专业力和执行力，对应于"修身"。

此类复盘往往是非正式的，可以随时随地进行，应以便利为宜（具体操作方法参见第 3 章）。

团队复盘

适用于单个团队或多个团队协作进行的活动或事件。在事件 / 活动结束后，通过团队成员参加的复盘会，对事件 / 活动进行回顾、分析、总结，以增进彼此的相互了解与配合、提升团队协同作战能力，对应于"齐家"。

此类复盘目的明确、简单快捷，需要注意的是，此类复盘可能因复盘参与人员的规模、素质与能力、经验，以及复盘主题的复杂程度、问题多少的不同而有很大差异，有些可用复盘的"小流程"（类似美军的"非正式 AAR"）便捷操作，有些则类似美军的"正式 AAR"，需要参照我开发的团队复盘引导的"三阶九步法™"（我所称的"大流程"），进行精心设计、准备与引导、推进（详见第4章）。

除了极少量的简单团队复盘，大多数团队复盘都会面临一系列挑战，如"一言堂""不参与""跑题""冲突"等，要想把复盘做到位，参与者、复盘引导师和组织等方面需要具备若干条件与核心技能，还要掌握一些"内功心法"和处理常见问题的"诀窍"（详见第7章）。

项目复盘

适用于单个或多个团队执行的较长期或大型的项目，以及组织中某个职能性工作或任务，其特点是参与主体多（需要多人或多个团队协同实施）、时间长（通常持续较长时间）、工作任务繁杂（包含较多的工作内容）。

对于此类复盘，应将复盘嵌入项目运作之中，形成"多重迭代式复盘"。首先，要在不同层次、单位中进行复盘，包括各个功能团队或职能条线，以及项目组层面上的复盘；其次，要在不同时间段上进行复盘，如以月或周为单位进行复盘，在项目不同阶段进行阶段性复盘，在项目结束后对项目进行总体复盘，以提升组织协作能力、激发创新，对应于"治国"。此类复盘具体操作方法参见第5章。

经营与战略复盘

在事业部、业务单元或整个公司层面上，也可以定期对经营情况或战略的制定与执行进行复盘，以反思组织整体的组织、运作模式，以及规则、政策、制度、流程、文化等，促进组织创新、战略协同与绩效提升，对应于"平天下"。

此类复盘遵从复盘的"底层逻辑"，但更加体现业务特色，也和公司经营与管理结合得更为紧密，操作手法参见第 6 章。

总体而言，上述四类复盘都遵循复盘的基本过程，即"复盘之道"，但因其涉及的范围、主题特性不同，操作手法也有很大差异，我们会在后面几章中展开论述。

回顾与练习

1.复盘的一般过程是什么？

　　A.回顾过程，评估结果，总结成绩与不足

　　B.回顾目标与过程，评估结果，找出亮点与不足

　　C.分析成功的关键要素与失败或不足的根本原因

　　D.萃取、提炼经验与教训

　　E.制定改进措施

2.在企业中常见的复盘有哪些？

　　A.个人复盘　　　　　　　　　　B.经营与战略复盘

　　C.团队复盘　　　　　　　　　　D.项目复盘

3.请举例说明，在你的企业中，哪些地方可以应用复盘。

4.请问下列关于复盘和 PDCA 循环的区别与联系的陈述，哪些是正确的？

　　A.复盘就是 PDCA 中的"C"

　　B.复盘与 PDCA 的侧重点有差异

　　C.复盘与 PDCA 是紧密结合的

　　D.复盘与 PDCA 的目的是一致的

5.在复盘过程中，学习如何发生？

　　A.如果做到位，复盘过程本身就能产生学习

　　B.在复盘中，团队成员相互交流，也可促进团队学习

　　C.复盘既支持单环学习，也有可能实现双环学习

　　D.复盘既可以固化成功，也可以激发创新与持续改善

扫描二维码，关注"CKO 学习型组织网"，回复"复盘之道"，查看部分参考答案与解释。

操作复盘："行"

    本篇共四章，结合案例和我个人辅导百余家企业实践的经验，分别阐述个人复盘、团队复盘、项目复盘和经营与战略复盘的操作手法与注意事项。

- 个人复盘：简单易行，但需要把握要点、形成习惯。
- 团队复盘：团队复盘的威力远大于个人复盘，但要想做到位并不容易。实践证明，专业、到位的引导是团队复盘成败的关键。
- 项目复盘：从操作上看，要将复盘嵌入项目运作过程之中，形成分层次、分阶段的多重迭代式复盘模式。
- 经营与战略复盘：对公司经营情况以及战略的制定与执行情况进行定期复盘，包括季度经营复盘、战略复盘以及学习史，以实现组织总体的创新与改善。

第3章

·CHAPTER 3·

个 人 复 盘

虽然团队复盘更能充分发挥复盘的威力，但个人复盘也是个人学习与能力提升的基本方式。同时，每个参与者能在参加团队复盘会议之前，做好个人复盘，也可提高团队复盘的效率。

此外，领导人亲身践行复盘，也是在组织内推广复盘的前提条件。

需要说明的是，虽然个人复盘简单易行，但也受个人悟性、能力与思维定式的影响，可能存在一定的偶然性。本章基于我个人的实践，给出了个人复盘的基本操作方法、工具、要点及注意事项。

将军不是教出来的，而是打出来的

对于个人学习而言，复盘是最有效的方式与途径之一。就像华为创始人任正非所讲：将军不是教出来的，而是打出来的。当然，我相信，如果没有及时复盘的习惯和很强的复盘能力，即使打了很多仗，也未必能成为将军。

事实上，孔子曾将人区分为四类：生而知之，学而知之，困而学之，困而不学（《论语·季氏》）。他认为自己并非"生而知之"者，而是"学而知之"者，其中，他的重要学习途径之一就是"好古，敏以求之者也"（《论语·述而》）。虽然我们不能排除成功人士或伟人生来就具有某些基因或特质，但不容怀疑的是，他们都经历了大量艰苦的磨炼，加上他们有很强的学习力，使得自己可以不断提升和超越。而这种学习力，最多、最主要的体现形式就是复盘。

试想一下，你如果能够把自己的每一段工作经历、每一项任务、每一次挑战，都变成学习机会，可以从中学习、促进自己能力提升，那会是怎样一种状况？

联想创始人柳传志先生就是这样的典型代表。

⊙ 案例　总裁是怎样炼成的

柳传志先生是我最为敬重的人之一。从和他的接触中，我们能感受到他的人格魅力和领导力。那么，柳总是否生而如此？他的领导力和人格魅力是如何获得或形成的呢？

2017 年，柳传志先生在一次讲话中明确提及："我对自己的评价是智商中等偏上，情商较高，和别人比也不是有特别巨大的优势。那我的优势是什么呢？是勤于复盘。"在我看来，柳总应该具有极高的天赋，又有远大的目标、不断挑高自己的追求，再加上极强的学习力，使得柳总成为受人尊敬的优秀企业家。在学习力方面，复盘是柳总总结发现的，也是其最主要的学习方式。

这样的例子有很多。其中一个例子是，在早期创业时，在他的小办公室里，一个上午接连有四五个人去找他说事情，经常是前面一个人还没把话讲完，就被后面的人打断了，看上去很忙。

可他晚上回去把整件事情重新想了一遍，认为自己这样的工作状态事倍功半，需要改进。同时，他还发现：大家和他讲的那些事与赚钱活命的事情并不直接相关。最后，他得出结论：不能任由下面的同事拽着走，自己首先要想明白到底要干什么，然后把事情分出轻重缓急。这个回想、分析、找出改进方法的过程就是复盘，它是个人快速学习、提升能力的一种有效方法。

事实上，柳总一直保持着复盘的习惯，他在接受记者采访时表示："我平常习惯每隔一个月左右，静下心来花 5 天左右的时间，把近来做的事情捋一遍，写写东西。"

此外，柳总在联想内部大力倡导复盘，并使其成为企业的习惯。这也是联想有很强的组织学习力，可以应对一个又一个挑战的重要原因。

事实上，不仅是柳传志先生，许多先贤和企业家也都有复盘的习惯。

- 曾子曰：吾日三省吾身。为人谋而不忠乎？与朋友交而不信乎？传不习乎？（《论语·学而》）这其实就是一种结构化的自我反思，其目的在于提高个人的修为，也就是学习。按照本书的定义，这其实就是个人复盘。《荀子·劝学篇》也指出：君子博学而日参省乎己，则知明而行无过矣。

- 曾国藩有大事后静思、自省的习惯。

- 王健林将"复盘"作为一种基本工作方法，不仅身体力行，而且将其嵌入商业广场的建设和运营过程之中，定期或不定期地进行复盘。

- 华为创始人任正非也高度重视复盘，始终保持自我反省，要求各级员工"战后必总结"，而且在华为战略性人才培养项目——战略预备队中，全面推行、应用复盘。

复盘是能力提升的有效方式

按照学习发展领域公认的"70∶20∶10"人才培养法则（参见图3-1），成人学习最重要的来源是在岗工作实践（约占70%），其次是与他人的交流（约占20%），正式的培训与教育只占很小的比例（10%）。而复盘作为一种从工作经验中学习的方法，无疑对于成人学习与人才培养具有重要意义。

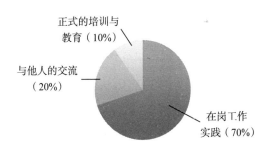

图3-1　成人学习的"70∶20∶10"法则

与此类似，美国创新领导力中心（Creative Leadership Center，CCL）基于一项长达30多年的研究发现，成功的领导者主要从三个方面的经验学习,包括挑战性任务(70%)、发展性关系(20%)以及正式的培训课程或项目(10%)。因此,管理者从经验中学习的意愿和能力是有效领导的基石(CCL, 2014)。特别是在新的、多样化、高风险的环境中发展领导力,基于经验的学习(experience-driven leader development)是重要推动力。

事实上,从本质上看,任何人要想把从他人(包括书本、同事、课堂、网络等)那里得到的信息,转化为自己的能力,为我所用,都离不开个人主动地理解、设计、实验及其之后的分析、总结,也就是"复盘"。因此,可以说,复盘是个人学习与能力提升的必经之路。

对什么进行个人复盘

我们每天会遇到许多事情,大多数情况也可能比较正常,按照惯例、规定或经验处理即可,有些事情则需要当机立断,因此,不是所有事情都要花专门的时间、按照标准流程进行复盘。但是,对于一些重要问题、例外情况或者按照规范、惯例处置不太奏效的事件,以及对自己学习、成长有价值的事情,要特别留意,认真复盘。

根据我的经验,下列情况可以进行个人复盘。

1. 新的事

如果某件事对你来说是新的,你和团队第一次做,那么,在做完之后,无论是做成了,还是未达预期,你都可以迅速地对其进行复盘,从中摸索经验教训,找到下次做类似事件时可以改进的地方。

2. 重要的事

对于重要的事情,无论是所需资源多、需要协调的部门多,还是事件的结果影响大，都需要我们格外慎重。为此，不仅需要事前的精心筹划与准备，也离不开事后复盘，及时总结，以期摸清规律、提高成功的概率。

3. 有价值的事

因为复盘是一种行之有效的学习方法，如果你觉得某些方面是你需要提升的能力，或者对你有价值的事，你可以在事后及时复盘，从而促进个人成长与自我发展。例如，你想提高自己的公开演讲能力，那么，在参加了一次公开演讲活动之后，你就可以通过复盘，找出自己的成功之处与不足之根本原因，逐渐摸清公开演讲的诀窍，并制订有针对性的改进计划，以便尽快提高自己的公开演讲能力。

4. 未达预期的事

如果某件事情未达预期，或者出现了一些偏差或缺陷，就说明你或团队对这类事件的规律掌握程度还不高，应对能力可能还存在一定欠缺，正是你需要提升的地方，或者是你可以从中学习的机会。因此，要及时进行复盘。

同时，通过复盘，还可以迅速制定改进或补救的行动措施。通过复盘结果的分享，也可以让组织内其他团队不犯此类错误。这对于组织学习是至关重要的。

当然，除了上述事件，对于个人参与的一些重要项目以及个人的主要工作任务，也需要定期进行复盘。

个人复盘的两种操作手法

复盘作为一种个人学习和成长的方法，可以随时随地进行。依据事件本身的大小、重要性与复杂程度,个人复盘操作起来也可能差异很大:对于一些重要而复杂的大事、难题,可能得花较长时间来梳理,甚至按照复盘的结构一步一步地进行,并总结成书面材料;而对于一些相对简单的事件,可能只是像曾文正公一样,做完一件事情之后,点一炷香,默默地在心里把整个过程回想一遍。

例如,组织完一次会议之后,你可以复盘一下会议的过程和结果,以便下一次会议能够更有成效;参加一次商务谈判之后,你可以复盘一下自己使用的策略,以便以后的谈判会更胸有成竹。可以说,在任何时间、任何地点,对任何事件,只要你觉得有必要,都可以进行复盘。

基于我个人的实践经验,个人复盘的操作方法包括以下两类。

1. 简易复盘

如果你有要复盘的事项,首先预估一下复盘大致所需的时间。如果是相对简单或明确的事件,可能 10 ~ 15 分钟就能梳理清楚、完成复盘,而对于一些长期(如一个月或季度)的工作,或者重大的项目、复杂的问题,则可能需要留出半天甚至一天的时间进行系统的复盘。

之后,找一个不受打扰的时间和空间,按照复盘的基本逻辑与一般过程(参见第 2 章),逐步进行个人回想和分析。为了让你的思绪不至于乱飞,你可能需要一个简易复盘模板(参见附录 A)作为框架指引,或者用笔写下自己的思考。

例如,我个人每个月都会花 1 小时左右,复盘一下当月的工作;每年年初,会花半天时间进行上一年全年的工作复盘。对于个人参与的一些新的活动,如 2015 年 6 月,我和团队一起"重走玄奘

之路"，这对于我是一种全新的体验，每天到达营地之后，我都会花
10～20 分钟进行当日复盘。

扫描二维码，关注"CKO 学习
型组织网"，回复"戈壁"，查看
个人复盘范例。

为使大家更为方便地进行个人
复盘，我开发了一个名叫"易复
盘"的小程序，请扫描二维码，
进行在线个人复盘。

2. 找一个教练

因为个人复盘难免陷入思维盲区，有时候找一个学习过复盘引
导的教练，让他通过结构化提问的方式，帮助自己进行复盘，也是
一个明智的选择。

在我开发的版权课程"复盘：把经验转化为能力"（参见附录 D）
中，提供了一个"个人复盘教练工作指引"，学习者通过练习，可以
为他人（包括自己的下属、同事、朋友与家人）提供个人复盘教练服
务。感兴趣的朋友可以体验一下。

实践表明，合格的教练在保持中立的同时，能够聚焦过程，并
有助于激发思考、给予支持，从而提高复盘的效率与效果。

个人复盘的注意事项

虽然个人复盘操作起来并不复杂，但要想做到位，仍需要注意

一些实施要点。我个人的建议包括以下五项。

1. 坦诚地面对自己

有时候，我们对自己"不够狠"，容易把成功夸大或者把失败或不足看得不那么严重，甚至经常找出一些外部原因或无关紧要的因素，来"文过饰非"。

同时，个人复盘因为没有和他人探讨，容易陷入个人的思维定式，从而导致复盘效果不佳。

因此，在个人复盘的过程中，应坦诚地面对自己，冷静、客观、实事求是，以开放的心态、批判性思维，多问几个为什么，多想几种可能性，并学会换位思考。

2."先僵化，后优化"

如果你还没有养成复盘的习惯，或者没有一套自洽的逻辑，不妨先参照复盘的一般步骤，按部就班地进行（甚至一开始可能需要写出来）；等你已经对复盘的逻辑和问题非常熟悉，则可以根据自己的实际情况，有选择地进行适当取舍。

3. 记录要点并定期回顾、提醒自己

俗话说：好脑筋不如烂笔头。如果对复盘不做记录，可能因为事务繁忙而冲淡记忆，从而影响复盘的效果。但是，如果只是记下来，而不定期回顾、提醒自己，那复盘的效果也有限。

所以，不仅应该把复盘记录下来，还要定期回顾、梳理一下，把相同或相关联的事件联系起来看，发现共性的问题，以及深层次的问题，以便让自己获得更大的成长。

4. 保持开放的心态，避开"经验陷阱"

如上所述，复盘是以学习为导向的，要想让学习发生，在复盘过程中，就必须始终保持开放的心态，不要过快得出结论，或以一时一事的分析得出的结论作为天经地义的"真理"或规律（参见第7章）。

同时，不要让自己过往的经验成为"经验主义"，陷入"经验陷阱"，即过往的经验限制了自己对新领域或新的可能性的探索，从而变得僵化。

在这方面，乔布斯2005年在斯坦福大学毕业典礼演讲时提到的"Stay Hungry，Stay Foolish"（求知若渴，虚怀若谷），这值得我们每个人共勉。其实，在2000多年前，荀子提出的"虚壹而静"以及《周易》乾卦中提到的"夕惕若厉"，都是这个道理。

那么，在个人复盘时如何防止跌入"经验主义"的陷阱呢？在我看来，有两种方法：第一，深入反思，对自己推论过程中用到的一些既有规则、假设，保持警惕，问自己"它们是否依然有效"，不要对此"习而不察"或认为它们就是"天经地义"的；第二，如有必要，参照"第一性原则"思考，从最基本的规则开始梳理，不要借助已有的经验或规则。

5. 习惯成自然

虽然偶尔进行自我反思和复盘也是有益的，但先贤教育我们，"吾日三省吾身"，如果能够持续地进行自我反思，形成习惯，无疑会学习得更多、成长得更快。

事实上，联想集团创始人柳传志先生在选拔干部时，标准之一就是看这个干部有没有很强的总结反思能力。

在日常工作中，利用业余时间，对当天或近期的工作快速地复盘，甚至不需要专门写出来，也有助于形成习惯，逐渐成为下意识的自然动作，对于个人能力提升会有很大帮助。

回顾与练习

1. 个人复盘有何意义或价值？

    A. 帮助个人快速提升能力   B. 从过去的经历中学习

    C. 固化过去有效的做法   D. 改正过去的错误

2. 个人复盘应如何操作？

    A. 简便易行，对于个人简单的事件或活动，只需按照复盘的基本逻辑，进行个人反思即可

    B. 找一个教练，让其协助引导自己进行复盘

    C. 参照本书附录 A 中的模板，按部就班地进行复盘

3. 下列说法中，不正确的有哪些？

    A. 几乎可以对自己所经历的任何事情进行复盘

    B. 个人复盘应该把握重点，并持之以恒，形成习惯

    C. 个人复盘简便易行，只要事后在脑海中把事情捋一遍就行了

    D. 个人复盘无须坚持固定的格式或程序，个人觉得如何操作更顺手就如何操作

4. 建议个人复盘应把握重点，在下列哪些情况下尤其值得复盘？

    A. 新的事情   B. 成功的事情

    C. 有价值的事情   D. 未达预期的状况

5. 如何应对个人复盘中的误区或挑战？

    A. 找一个教练

    B. 坦诚地面对自己

    C. 记录要点并定期回顾

    D. 按照复盘的一般过程进行，并使用相应的方法与工具，深入反思

6. 请你选择自己近期工作或生活中的实际项目或者活动／事件，进行个人复盘。

扫描二维码，关注"CKO 学习型组织网"，回复"个人复盘"，查看部分参考答案与解释。

第 4 章
•CHAPTER 4•

团 队 复 盘

从本质上讲，复盘的学习机理与操作手法都非常简单，效果也是快速、有力而迷人的。但是，尽管如此，要想真正进行深入而有效的复盘，尤其是团队复盘，并不是轻而易举，必须具备很多条件。

在本章中，我们先分析美军的团队复盘实践，从中提炼出团队复盘的操作"手法"。在我看来，专业、到位的引导是团队复盘成败的关键。因此，本章也介绍了复盘引导师的角色与职责，并阐述了我提出的团队复盘引导的"三阶九步法™"。

美军怎么做行动后反思（AAR）[⊖]

美军对行动后反思的定义是：AAR 是对一次事件的专业讨论，侧重于绩效表现，让战士们自己发现发生了什么、为什么发生以及如何保持优势、改进不足。美军将"行动后反思"列为各级领导者和作战单位的标准操作规范之一。遵照复盘的学习机理，AAR 的技术并不复杂，比较直截了当。它与体育运动中的"技术战术讲解"比较相似。所谓"技术战术讲解"，就是在一次比赛结束之后，运动员和教练马上聚集在黑板旁边来讨论大家的表现。它和 AAR 都是用来使学习成为日常活动。正如一位指挥官所说："AAR 有助于营造一种氛围，每个人不断地评价自己、所在单位和组织的表现，并寻求如何进行改进。"

正式 AAR 和非正式 AAR

在美军的实践中，AAR 分为两大类：一是快速或简易 AAR，这意味着在一次重要活动或者事件之后，所有参加者迅速聚集到一起，花十几分钟甚至更少的时间，来回顾他们的任务，鉴别成功与失败，寻求下次做得更好的方法。这个过程并不那么正式。第二是事先计划好的、正式的 AAR，往往有很多人参加，事先进行过周密的计划和安排，过程中有记录或观察，事后的 AAR 也有人引导，可能持续数小时或者几天。二者的区别如表 4-1 所示。

⊖ 本部分内容主要参考戴维 A.加尔文 .学习型组织行动纲领 [M].邱昭良,译 .北京：机械工业出版社，2003.网络公开资料 A LEADER'S GUIDE TO AFTER-ACTION REVIEWS，by Headquarters，Department of the Army，1993，网址：http://www.au.af.mil/au/awc/awcgate/army/tc_25-20/table.htm。

表 4-1 正式 AAR 与非正式 AAR 的区别

项目	正式 AAR	非正式 AAR
参加人	有外部观察者和控制人（OC）	按团队内部层级进行
所需时间	花费更多时间	花费较少时间
所需工具	使用复杂的培训辅助工具	使用简单的培训辅助工具
计划性	事先计划好	有需要时就进行
地点	在最适合的地点进行	在训练或作战现场进行

资料来源：A LEADER'S GUIDE TO AFTER-ACTION REVIEWS，by Headquarters，Department of the Army，1993，网址：http://www.au.af.mil/au/awc/awcgate/army/tc_25-20/table.htm，邱昭良编译整理。

1. 正式 AAR

对于正式 AAR，领导者一般在制订近期正式培训计划时就进行策划（行动开始 6～8 周之前）。正式 AAR 比非正式 AAR 需要更多的计划和准备，需要事先考察并选择场地，协调培训辅助工具（地形沙盘模型、地图等），选择并培训观察者和控制人（observers and controllers，OC）。

正式 AAR 通常在连队及以上单位进行。但是，也有一些例外，如在连队或更高级别的正式 AAR 之前，需要对排、班进行实战训练演习（situational training exercise，STE）评估，也可按照正式 AAR 程序，由观察者、控制人和部队领导担任主持，对参训人员、部队或单位的绩效进行事后评估。

在正式 AAR 期间，主持人要把问题集中到训练目标上，按照规范流程进行引导，最后回顾已经确认的关键要点（对讨论中出现的议题进行强化学习）。

2. 非正式 AAR

领导者通常为排和更低级别单位的士兵和小单位的训练进行非

正式 AAR。在连队及更高层级，当正式 AAR 所需的资源（包括时间）不许可时，也可以进行非正式 AAR。

领导者可以把 AAR 当作现场指导工具，在训练和实际执行作战任务时使用。例如，在一次演习行动中，某班摧毁了敌军的一个哨所后，班长可能会让士兵们聚集在一个掩体内，用松果、石块在地上摆放成模拟现场的状况，进行一次非正式 AAR，参照陆军标准，快速评估其实际表现，确认他们的优势和劣势，决定怎样才能在后续的演习中改进他们的表现。

非正式 AAR 操作起来很简便，所需资源较少，可为士兵、领导者和单位提供训练时的即时反馈，并在后续训练时立即进行应用、改进。

正式 AAR 总体流程

进行 AAR 是一个简单、直接的过程，尽管正式 AAR 和非正式 AAR 在操作手法上有一些差距，但都遵守着一些规范。按照美军的要求，进行正式 AAR 通常会包括四个阶段：计划、准备、执行以及后续跟进（参见图 4-1）。

1. 计划

认真地计划是 AAR 成功的关键。领导者要为每一次正式训练活动制订一个 AAR 计划，确定他们必须考察的关键要素，以便为作战单位提供有效的评估。这些要素包括以下几项。

- 谁来观察训练，谁来引导 AAR？正式的 AAR 需要指定合格的人担任观察者和控制人，参与到训练全过程中，并引导

AAR 活动；非正式 AAR 则可以在团队内部进行，由团队领导人操作。

计划	准备	执行	跟进
◆ 选择并培训观察者和控制人 ◆ 回顾训练和评估计划 ◆ 确定 AAR 时间 ◆ 确定谁参加 ◆ 选择可行的 AAR 地点 ◆ 选择研讨辅助工具 ◆ 制订 AAR 计划	◆ 回顾训练目标、命令、METL 和条令 ◆ 确定关键事件的观察者和控制人 ◆ 观察训练并记录 ◆ 从其他观察者和控制人那里收集观察所得 ◆ 整理观察结果，确定讨论或教学要点 ◆ 侦察选定的 AAR 地点 ◆ 准备 AAR 场地 ◆ 进行彩排	◆ 尽可能让参与者都加入 ◆ 保持聚焦于训练目标 ◆ 不断地回顾教学要点 ◆ 记录要点	◆ 确定需要保持的任务 ◆ 解决问题——立即采取的行动、修订现行操作规程、后续训练计划 ◆ 用于指挥官的评估

图 4-1　AAR 总体流程

资料来源：Headquarters Department of the Army, A LEADER'S GUIDE TO AFTER-ACTION REVIEWS, 1993, 邱昭良编译整理。

● 领导者应该评估什么（训练与评估大纲）？按照训练目标和条令标准，引导者应该事先列出评估要点。

● 谁要参加？AAR 计划应该明确哪些人必须参加。通常情况下，只有关键角色参加，然而有时候，越多参与者到场，反馈越好。领导者必须根据任务和场地决定参与者的范围。

● 何时何地进行 AAR？AAR 通常在训练过程中或结束之后，在训练现场或其附近进行。领导者应该确定并侦察场地，准备场地布局图，确定研讨辅助工具和其他设备安放的位置。

● 引导者要使用哪些研讨辅助工具？正式的 AAR 可能需要投

影设备、海报板、沙盘模型、放大的地图,以及其他物资或
设备、设施;非正式 AAR 则几乎没有任何要求。

2. 准备

精心准备是有效执行任何计划的关键。AAR 的准备始于训练之
前,将一直持续至复盘开始之前。主要工作包括以下几项。

- 观察者和控制人应该在训练前更新知识,熟悉训练的技术与
  战术,并回顾条令、训练目标、命令以及使命必备任务清单
  (mission essential tasks list,METL)。
- 确定关键事件的观察者和控制人。观察者和控制人必须知道
  哪些事件对于完成任务和目标是关键的,从而确保自己在恰
  当的时间出现在恰当的地点,以便观察作战单位的行动。
- 观察训练并记录。所有作战单位的活动都包括三个阶段:计
  划、准备和执行。这些阶段能帮助 OC 组织他们的观察计划
  以及记录。他们应该对其所见、所听保留一个准确的书面记
  录,按照时间序列记录下发生的事件、行动以及自己的观察,
  以防遗漏有价值的信息和反馈。
- 整合其他观察者和控制人收集的信息。领导者需要全面了解
  训练期间发生了什么,只有这样才能进行有效的 AAR。因
  此,AAR 计划中设定了时间、地点或方法,来整合其他观察
  者与控制人的反馈。当收集所需的全部信息之后,领导者要
  将笔记按时间序列排列好,以便能够理解事件的来龙去脉。
  接下来,要结合与训练目标的相关性,选择并排列关键事件,
  确定关键讨论议题或教学要点。

- 选择并侦察 AAR 场地，并提前布置。选择可行的 AAR 场地是总体计划过程的一部分。应该选择靠近训练现场，或者最关键事件发生的地点。然而，有时候也要事先侦察，确定备选场地，以防第一选择不可用。确定 AAR 地点之后，如可能，要提前布置好场地、安装研讨辅助工具和设备，以便参与者可以看到真正的地形或便于回顾与分析。按马蹄状（U 型）排列座位，可以鼓励讨论，并让每个人都看到整体。
- 彩排。一切就绪之后，领导者回顾 AAR 的流程，在 AAR 场地进行彩排，准备好实施 AAR。

3. 执行

按照预定时间，所有训练 / 评估的参与者都聚集到一个合适的地点，进行行动后反思。一次典型的 AAR 会议，通常包括以下程序。

- 导入与规则介绍

    有效的 AAR 离不开氛围的营造。在开始阶段，要简要介绍活动的目的与规则，邀请与行动相关的各方面人员参与进来。经验表明，除了与组织文化有关之外，导入环节的质量（如参与度的调动、领导的表率等）会显著影响总体 AAR 的质量。

- 目标及意图的回顾检查（预期会发生什么）

    AAR 的主持者应该简要回顾或检查训练任务的目标，重申指挥官的命令和作战意图、任务的条件、相关的条令、技术和程序（TTP）。必要的时候，还可以讨论敌方指挥官的任务和意图（OPFOR）。

假如评估涉及的是一场战争演习或大型任务，司令官要运用地图、行动计划表、沙盘模型等工具与手段，来全面阐述作战任务与目标意图。如果必要的话，主持人应该引导大家讨论，以确保每个人都理解了行动计划和指挥官意图，并就行动目标达成一致。

一个小技巧是，让下级领导复述任务，讨论司令官的意图。

- 近期事件讨论（发生了什么）

接下来，AAR 主持人应按照事件发生的逻辑或时间顺序，来描述和讨论实际发生了什么事情，并由此引导评估过程。

在这个过程中，不应该只是问一些封闭性问题（只需要回答"是"或"否"的问题，参见本书附录 B），而是应该运用开放性和引导性问题，鼓励大家进行开放的讨论。

- 关键事件讨论（为什么会发生，以及如何提升）

要想充分发挥 AAR 的效率，就得聚焦于最有学习价值的关键事件。领导者可以运用以下三种方式之一来组织分析讨论。

第一，按照时间的先后顺序。这种方法逻辑简单、结构清晰，便于大家理解。按照行动发生的先后顺序进行讨论，可以让参与者看到他们各自的行为对他人、单位以及整体事态产生了什么影响。此外，按照这种方法进行讨论，也更容易让士兵和领导回忆起发生的事情。

　　第二，按照各个职能或系统来检查。在陆军，这些相关的职能和系统被称为"战场行动系统"（battlefield operating systems，BOS），包括情报；调度；军火支持；机动性、应变性、生存性；防空能力；战斗勤务支持；指挥与控制等。每一个系统各自介绍本系统的行动，以及优劣势等。这种方法对于训练与一个或多个系统相关的参谋部门人员尤其有用。但是，使用这种方法需要留意，不能"一叶障目，不见泰山"。从各个系统来——描述，可能造成对整体行动的割裂。同时，也可能在与任务完成影响不大的系统上花费太多时间，导致效率低下。

　　第三，以关键事件、主题或问题为中心。如果是正式 AAR，就结合观察者与控制人在训练阶段的观察所得，直接切入训练中的关键事件，以此为中心，进行深入而充分的讨论，可以防止因涉及那些与训练目标不紧密相关的事件而使讨论偏离正轨。这种方法在时间有限的情况下尤为有效。对于非正式 AAR，具体讨论哪些关键事件或议题，则可能依赖领导者的经验。

　　当然，对于正式 AAR，引导者也可以灵活组合上述三种讨论方式。例如，可以运用时间先后顺序的方式来规划讨论，之后就某个关键事件进行深入讨论，或者重点研讨某个职能体系在整个过程中的表现。

- 讨论军队保护（安全）问题

　　保证安全是每个士兵和指挥官的职责所在，部队在战场和要塞所做的每一件事情都与安全密切相关。陆军要求，安全应该成为每一次 AAR 中专门讨论的问题。当安全对作战单位绩效表现或士兵的健康有影响时,更需要细致入微地讨论这个问题。

更重要的是,我们应该把防患于未然的安全意识当作每一次行动的内在部分。

● 收尾性评论(总结)

在总结阶段,AAR 的主持人要回顾并总结讨论过程中所确认的关键点,应把结论与未来的训练联系起来。同时,还应该留有适当的时间,让士兵和领导对训练做自由的交流。

4. 后续跟进

AAR 的真正价值在于把评估结果应用于未来的行动和训练中去。

对于后续跟进,可采用以下三种时间长度来辅助思考。

● 短期行动:可以被快速采纳、改进,并可立即产生效益的行动。

● 中期行动:影响系统、政策以及组织的行动,如修改标准作业流程、政策、规范、标准等,可能需要经过申报、研讨和审批、发布等程序。

● 长期行动:与组织的使命、战略、目标以及价值观等相关的变更,需要时间更长,慎重评估,并非短期内可以实现。

通过 AAR,可以系统地对个人和作战单位的绩效表现进行评估，如果发现存在缺点或不足，应立即开展重点训练。通过专业而坦诚的讨论，士兵们也可以把自己的表现与标准做比较，从中发现提高水平的特定方法。因此，AAR 为指挥官提供了重要的评估工具，也是提升团队整体能力的有效方法。

此外，AAR 也可能涉及作战单位标准操作规程（standard operating procedure，SOP）相关的一些问题。如果是这样，部队领导必须上报、申请修改 SOP，并确保各单位在未来训练中落实这些变化。

团队复盘的操作手法

需要说明的是，虽然我们上面介绍的是美军的做法，但纵观英国石油公司、联想等企业的复盘实践（参见本书附录 C），基本手法与此大体一致。

综合国内外企业的实践经验，我认为，在企业中操作复盘，包括"一大一小"两个流程：大流程指的是设计、准备、实施复盘及其后续的推进过程，我将其称为"复盘引导"；小流程则是具体到一次复盘活动应该如何做，我将其称为"复盘之道"，也就是说，每次复盘活动都应该遵循的基本逻辑或一般步骤。

下面，我们先介绍一下团队复盘的"小流程"，然后再介绍团队复盘引导的总体框架与具体步骤。

概括来说，基于"复盘之道"，团队复盘共分以下四个大的阶段，每个阶段的关键活动、要回答的核心问题以及交付成果参见图 4-2、表 4-2。

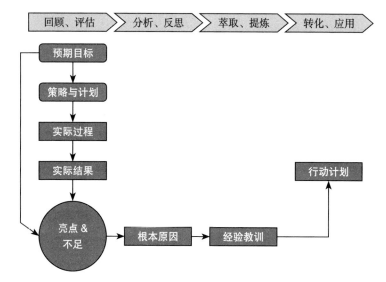

图 4-2　复盘的一般步骤

表 4-2　复盘的一般步骤

阶段	关键活动	主要问题	交付成果
回顾、评估	回顾目的与目标、策略与计划 回顾过程 核实、评估结果	当初行动的意图或目的、初衷是什么？ 事件/行动想要达到的目标是什么？ 事先设想要实现的关键结果是什么？ 为了实现目标，我们采用的策略打法是什么？ 我们计划怎么做？预先制订的计划是什么？ 实际结果是怎样的？ 这些结果是如何发生的？在什么情况下？发生了哪些事？ 与目标相比，哪些地方做得好？哪些地方未达预期或有待改进？	亮点 不足
分析、反思	对亮点与不足进行根本原因分析 深入反思	对于亮点，主观原因有哪些？客观原因是什么？其中，真正起作用的关键成功因素是什么？ 对于不足，主观原因有哪些？客观原因是什么？其中，最重要的根本原因是什么？	成功的关键因素 失败的根本原因

（续）

阶段	关键活动	主要问题	交付成果
萃取、提炼	举一反三，找出经验与教训	我们可以从这个事件 / 活动中学到什么？ 有哪些可以坚持或推广的做法？ 有哪些做法待改进？	可以传承或推广的做法 待改进的做法
转化、应用	将提炼的经验、教训应用于后续工作中 提出创新与改善建议	如果有人要进行同样的行动，我会给他什么建议？ 接下来我们该做些什么？ 哪些是我们可直接行动的？哪些是其他层级才能处理的？是否要向上呈报？	行动计划 改善建议

回顾、评估

复盘始于对预期目标的回顾，而回顾的目的在于评估、找出值得学习或改进的亮点与不足。

在这一步，主要回答的问题是：

- 当初行动的意图或目的、初衷是什么？

- 事件 / 行动想要达到的目标（objectives）是什么？

- 事先设想要实现的关键结果（key results）是什么？

- 为了实现目标，我们采用的策略打法是什么？

- 预先制订的计划是怎样的？

- 实际结果是怎样的？

- 如有必要，请回顾这些结果是如何发生的？在什么情况下，发生了哪些事？

- 基于目标与实际结果，哪些地方做得好？哪些地方未达预期或有待改进？

这一步的核心动作是回顾和评估。前者的关键是实事求是、全面、客观。后者的关键是目标导向、兼顾过程。

团队共识是关键

在很多情况下，这个阶段看起来简单，但实际情况并非如此。如果团队在既定目标和实际结果两个方面没有取得一致，在复盘过程中就会出现分歧，或者陷入无休止的争吵，从而影响复盘的效果。

美国军队坚持要求每个 AAR 都要按部就班地讨论这些问题，是非常必要的。当然，这绝不只适用于军队。通过花些时间去澄清目标，设定明确的标准（如预期的顾客满意度水平、项目完成的重要里程碑、新产品的渗透率等），公司同样能够受益良多。通过夯实回顾和评估这两个步骤，而不是急于进行差异分析，极大地提高了讨论的效率，让团队复盘更加踏实而富有成效。

实践表明，只有建立在对目标与事实达成共识的基础上，大家才能深入探讨成败原因及利弊得失。因此，这一步是复盘的基础，不容忽视。

此外，通过回顾、反思目标与策略打法，也有助于团队在后续工作中制定科学、合理的目标，优化策略打法，激发创新。

复盘的两大"流派"

在实际进行复盘时，评估结果这一步的处理手法有两种，我将其称为复盘的"两大流派"（参见表 4-3 ）。

1. 过程还原派

代表：美军、英国石油公司。

具体做法是：按照时间顺序与职能条线，把主要事件、关键环节复现一遍，以找出待下一阶段深入探究的重要议题。

表 4-3 复盘的两大流派

流派	过程还原派	结果导向派
代表	美军、英国石油公司	联想、谷歌
做法	按照时间顺序与职能条线，把主要事件、关键环节复现一遍，以找出待深入探究的关键事件	对照目标，列出哪些地方做得好，哪些地方做得不到位或有改进空间；在后续分析差异的根本原因或关键成功要素时，如有必要，再将相应的过程进行复现
优点	操作简便，符合习惯 事实线索清晰，易于理清思路 对于不太了解全部过程或其他职能条线的成员来说，这一过程本身就是一个学习过程，而且有助于就事实过程达成共识	简单、直接、高效，以结果（绩效表现）为导向 对照目标，有助于复盘过程保持聚焦，避免陷入细节或平铺直叙
缺点	可能陷入"流水账"或"纠缠于技术细节"，导致时间冗长 对于了解全局的成员来说，会感到重复或没必要	一些成员可能因对事实过程缺乏了解或未有共识，而难以参与讨论 可能影响团队成员增进相互了解
适用情况	成员间相互不太熟识，或有较多成员不太了解整体状况 希望成员增加相互了解与配合，或按规范操作	成员间很熟悉，大多了解整体状况 过程中涉及较多事务性工作，若展开，可能导致复盘过程非常冗长

这种做法有三个方面的优点：①操作简便，符合大多数人习惯的方式；②事实线索清晰，容易让大家理清思路；③对于不太了解全部过程或其他职能条线的成员来说，这一过程本身就是一个相互学习的机会，而且有助于就事实过程达成共识，便于后续的讨论。

但是，这种做法的缺点有二：①可能陷入"流水账"或"纠缠"于技术细节，导致时间占用较多，让会议变得冗长；②对于了解全局的成员来说，会感到重复或没必要，影响他们的投入度。

2. 结果导向派

代表：联想、谷歌。

具体做法是：对照目标，列出哪些地方做得好，哪些地方做得不到位或有改进空间；在后续分析差异的根本原因或关键成功要素时，如有必要，再将相应的过程进行复现。

这种做法的优点是：①简单、直接、高效，以结果（绩效表现）为导向，无须罗列所有事情（尤其是很多常规工作或无关紧要的细节）；②对照目标，有助于复盘会议保持聚焦，避免陷入细节或平铺直叙。

相对而言，这种做法的缺点是：①一些成员可能因对事实过程缺乏了解或未有共识，而难以参与讨论；②可能影响团队成员增进相互了解。

那么，你在操作复盘时，应该如何选择呢？

在我看来，虽然这两种做法有差异，但其背后的逻辑要求却是一致的。为了实现通过复盘来学习、改善的目的，一方面，要让大家增进相互了解，就事实过程达成共识；另一方面，把握重点，精简高效。因此，这两种方法从本质上看是"殊途同归"的。你在选择时，可以根据自己的目的与实际情况、操作的便利性、事件／活动本身的特性，以及团队成员的状况等因素，相机行事。

例如，如果团队成员发生了较大的更换，参加复盘的有很多新同事，则可以由熟悉情况的老同事把事情过程复现一遍；如果你希望通过复盘，促进团队成员之间的相互配合，或按照规范打法操作，就可进行过程的回顾。相反，如果团队成员比较稳定、彼此之间相互熟识，而且已经养成了复盘的习惯，你所操作的这次复盘是一系列相关复盘之一，或过程中涉及较多事务性工作，则可以直接让大家对照目标，评估结果的优劣。

分析、反思

一旦确定下来目标与事实、找出了亮点与不足，就可以开始诊断、分析差异的原因了。这一阶段的目标是找出导致成功或失败的根本原因或关键要素。

这一步要回答的问题包括：

- 那些有价值的亮点，是由哪些原因造成的？其中，主观原因有哪些？客观原因是什么？真正起作用的关键成功因素是什么？
- 那些主要不足的成因有哪些？其中，主观原因有哪些？客观原因是什么？最重要的根本原因是什么？

把握关键，深入分析

对于一些复杂的项目/事件，不必对所有差异一一分析，而是应该把握关键，针对一些关键事件/议题进行深入分析，找到根本原因。

例如，在美军的一次复盘中，找到的关键问题包括：

- 一支坦克部队预计在某个时点到达一个检查站，但是却迟到了 20 分钟——是什么导致了他们的迟到？
- 一个侦察兵被派去检查北面的某个位置，但最后却向东偏离了 5 英里⊖——他为什么会迷失方向？
- 一个指挥官计划和另外两个炮兵营协同作战，但他却没有与他们联络上——是什么导致沟通的中断？

要回答这些问题，需要参与复盘的人员具备解决问题的技能，

⊖　1 英里 =1.609 344 千米。

以及开放、坦诚、愿意承担责任的心态。团队必须针对几个可能的解释进行"头脑风暴"思考,从有限或彼此矛盾的信息中搜寻线索,发掘答案。为此,他们必须做到绝对诚实,敢于面对自己的缺陷,勇于承认错误,而不是推脱责任,在错误或缺点面前装聋作哑。对于指挥官而言,这一点尤为重要。正如一个指挥官所观察的:"如果你不愿意倾听批评,你就不要做复盘(AAR)。"

有时候,分析很简单,因为原因和后果都比较容易把握。例如,对个人和集体而言,没有把握机会或走错了路,都是显而易见的。但是,在其他场合下,AAR 面临的挑战可能更为复杂,需要建立一个循序渐进、逐步求精的过程,通过采用一系列的 AAR 来追踪问题,从而发现深层次的根本原因,并提出可能的解决方案。

事实上,决定下次做什么常常是和诊断、分析不可分割的。只有真正理解了问题是什么、根本原因在哪里,参与者才能想到并提出行之有效的解决方案。

在这方面,可以使用的工具与方法包括:头脑风暴法、五个为什么、鱼骨图、"思考的罗盘™"等(附录 B 对部分常用的方法与工具进行了简单介绍)。对于许多动态复杂性问题,系统思考的技能尤为重要。

萃取、提炼

复盘的核心目的在于从行动中学到经验教训,并将其付诸应用,以实现未来的改善。为此,要能够从具体的实践中,深入思考、提取出一般规律。这一过程被我称为"萃取",是学习的关键环节,但许多人并不能很好地把握"火候",往往萃取、提炼不出真正有效的经验或教训。由此，也导致复盘的学习效果参差不齐。

这一步要回答的主要问题包括：

- 我们可以从这个事件 / 活动中学到什么？
- 有哪些可以坚持或推广的做法？
- 有哪些做法不奏效，或有待改进？

"铸剑"的启示

《荀子·强国篇》指出："刑范正，金锡美；工冶巧，火齐得，剖刑而莫邪已"。翻译成现代白话文，就是说：如果模具端正，铜和锡的质量高、配料齐备，冶炼工匠技艺高超，火候得当，那么，打开模具，就能铸造出莫邪宝剑。

荀子在这里说的是铸剑的过程，其核心要素包括以下四个方面。

- 模具：你希望铸造出来的宝剑是什么形状、模样？这是预期目标或模板，要清晰、端正。
- 材料（原料与配料）：俗话说"巧妇难为无米之炊"，如果没有高质量的铜和锡，以及齐备的配料，根本不可能铸造出宝剑。
- 工匠：要铸造宝剑，离不开技艺高超的工匠，他们掌握配方、工艺，知道各种材料的配比和投放顺序，也熟悉并能调节"火候"，这是铸造出宝剑最关键的因素之一；只有真正优秀、技艺高超的工匠，在其他条件都合适的情况下，才能铸造出宝剑。
- 火候：铸造是一个连续而微妙的过程，需要在熔炉中，精心调配温度、湿度等条件，以确保各种材料发生高质量的物理、化学反应。

以此类比，要想从复盘中萃取出知识，必须具备的条件包括以下五个方面。

- 目标、模板与方法：明确需要萃取的知识（what），并且有范例、模板与萃取过程中使用的方法，如同"刑范"。
- 材料：人是知识的主动建构者和"宿主"，也是知识萃取必需的"原材料"，如果没有合适的人参与，如同没有原材料铜、锡一样，几乎不可能凭空创造出高质量的知识。为此，要找到掌握或能创造出所需知识的人或资源（who）。
- 引导师：就像冶炼工匠，合格的复盘引导师需要设定复盘的目标，选择合适的人员，设计并引导复盘研讨的过程，塑造并调节"场域"氛围（how）。
- 过程：需要设计并引导一个知识研讨的过程（how），让持有知识元素的参与者进行分享、研讨，从而产生所需的知识。
- 环境（when & where）：任何知识萃取都发生在特定的"场域"之中，包括特定的时间、空间、人员之间的关系以及氛围，"场域"的质量也会直接影响知识研讨的过程，如同铸造宝剑时熔炉的"火候"会影响铜和锡等材料的化学反应一样。

综上所述，要想从复盘中萃取出真正的知识并不容易，需要合格的复盘引导师，并使各方面条件到位。关于如何做好复盘以及复盘引导的"手法"与"心法"，请参阅本章下一节及第 7 章。

转化、应用

"学至于行而止矣"，只有将学到的经验教训付诸后续的应用，转化为未来的行动改进，才是完整或真正的学习。因此，在复盘时，要制订学习转化与后续应用计划，并落实到实际行动中。

这一步要回答的主要问题包括：

- 如果有人要进行类似的行动，我会给他什么建议？
- 接下来我们该做些什么？
- 哪些是我们可直接行动的？哪些需要制订专项改进计划？哪些是组织需要改进的建议？

落地！

要让复盘真正起作用，就必须落实到具体的行动措施，并执行到位，注重后续反馈。

在这方面，有以下四个注意事项。

1. 关注可控范围

关于行动计划，我想强调的是，参与者必须关注自己能控制的事情，而不是超出自己控制范围的外部力量，否则，这个过程可能不会产生直接的影响。

2. 固化成功，改进不足

在制订行动计划时，既要考虑到固化成功，又要采取措施改进不足。所谓"固化成功"，指的是将导致成功的有效做法或关键要素继承下来，固化进制度、流程或规范之中，或推广出去，分享给其他相关的人员。所谓"改进不足"，不仅指的是采取一些力所能及的补救措施，也包括预防导致失败或错误的根本原因再度出现。

3. 考虑后续行动措施的两种思路

根据联想的经验，在考虑后续行动时，需要兼顾以下三方面。

- 开始做什么（start doing…）：基于从复盘总结中学到的经验教训，为了挽回损失、改进当前项目/事件以及未来行动，可以开始做哪些事情。
- 继续做什么（sustaining…）：这个阶段的另外一个目标是，找出团队表现良好、需要保持下去的领域。令人惊奇的是，它们有时候也难以识别。即使符合既定的标准，由于变量较多，通常也没有多少明显的线索，可以确定好成绩的原因，反倒是失败更加容易诊断。然而，如果想让成功"复现"，必须清晰地界定根本原因，明确需要保持或强化的领域。
- 停止做什么（stop doing…）：经过复盘，可能发现有些做法是不当的或者失效了，建议以后不要再做。

此外，也可以借鉴美军的做法，按照时间跨度，制订行动计划。

- 马上行动：哪些是自己可控、立即可以采取行动的？这包括需要固化成功以及改正不足的。
- 专项计划：哪些是需要制订专项计划，在一段时间内实施、推进的？
- 管理改进：是否需要在组织层面采取系统化的改进措施？

4. 明确、具体，有负责人、时限

每一项行动措施都要明确、具体，同时指定责任人，并明确时间表，包括开始时间和截止时间。如有必要，还要制订实施计划，阐明行动的目标。

复盘引导：团队复盘成败的关键

综合美军、英国石油公司、联想等国内外优秀机构的复盘实践经验，我认为，要想做好团队复盘，专业、到位的引导是至关重要的因素。

所谓"引导"（facilitation），本意是"使……变得容易"；用于团队领域，指的是通过设计并推动团队互动过程，帮助一个团队更有效地达成其目标，并提高其实现后续目标的能力。就像美国培训发展协会 1996 年的定义，所谓引导，指的是帮助团队实现其目标，并保持或改进其达成目标能力的一系列行动。

由于团队复盘是一个集体研讨过程，良好的引导会像"催化剂"一样，极大地提高复盘的质量。借用行动学习大师迈克尔·马奎特（Michael Marquardt）曾说过的一句话，"行动学习的质量关键在于提问的品质和流畅度"；我们也可以说，复盘的质量关键在于引导的品质和流畅度。

因此，美军对复盘的引导非常重视，专门总结出了《AAR 领导者指南》，对每一个阶段的技术规范、操作要点、注意事项等进行了详细描述，并通过国家训练中心，对各级军官进行 AAR 引导训练，使其掌握复盘引导技巧。

近年来，许多企业内部推广复盘，为此需要加强对复盘的引导，尤其是培训各级管理者，使其掌握相关的技能，成为复盘引导师。这样可以更好地带领其所在团队进行复盘，改善复盘效果。华为、伊利、华润、电建海外等公司的实践证明了这一点。

复盘引导师的角色与职责

尽管复盘引导师会承担很多角色和职责，也可能有不同的身份（如内部引导师和外部第三方人员），但通俗地讲，承担复盘引导职责的引导师是一个支持性的角色，其终极目的是鼓励大家积极参与，改进团队互动过程，提高团队的合作效能。

一般来说，复盘引导师的职责包括：

- 营造与维护一个信任、开放、客观、创新的对话环境，管理好团队成员之间的人际互动；

- 秉承客观、中立的原则；

- 相信团队的力量，促进每个人的投入与参与，信任团队成员都有能力且有意愿把事情做好，做出比个人更好的决策，实现"1+1 > 2"的协同效应；

- 主持会议、管理会议的过程，而不一定是内容方面的专家，也可以不参与到内容的讨论中去，不提供答案，不对会议的结果或结论进行评判。

要想引导团队复盘会议，引导师需要掌握许多实用的技能，但最基本的一点是区分"过程"和"内容"（参见表4-3）。

表4-3　过程与内容的区分

内容（交谈什么）	过程（如何交谈）
讨论的主题	会议的方法与流程
具体的任务	参加者之间的关系维护
要解决的问题	会议中使用的相关工具
要做的决策	会议规则
会议日程里的各项主题	团队的氛围和能量变化
要确定的目标	

　　"过程"指的是"如何交谈",包括会议的组织方式,使用的方法、流程和工具,还包括人际互动的形式(一对一交谈、小组研讨、集体分享等),以及团体动力(group dynamics)和氛围;而"内容"指的是"交谈什么",是会议中探讨的议题,比如工作任务、项目、要解决的问题等。⊖

　　正像一位有经验的引导师所说:引导师的职责是管理好团队合作 / 会议过程,保持中立的态度,而把内容讨论留给全体参加者。

　　许多人相信,引导师不必是内容方面的专家,而应该成为过程设计与干预的行家。以我的经验来说,上述说法是有道理的,但如果引导师对内容一无所知或缺乏必要的背景知识,完全听不懂参与者正在谈什么,也可能错失深入挖掘并探询重要潜在问题的机会,会影响引导效果。因此,如果是外部人士来主持复盘会议,我主张在复盘会议之前,引导师要进行认真准备,了解一些行业基本知识、术语、行话,包括项目 / 事件的一些背景。

　　如果是由团队成员(或当事人、利益相关者)来引导,则面临更大的挑战,即如何保持中立,克制住自己跳进去参与讨论,发布自己的看法或反驳、赞许其他人看法的冲动;如何保持客观;如何关注于团队的互动过程而最大限度地促发学习。从某种意义上讲,这些是很难应对的挑战,一旦失去了中立,无法保持客观,就会不可避免地影响到引导效果。

　　除了恪守上述职责,复盘引导师的基本工作包括:

⊖　英格里德·本斯.引导:团队群策群力的实践指南 [M].任伟,译.北京:电子工业出版社,2011.

- 设计团队复盘会议,并进行相应的组织与准备;

- 使团队成员以适宜学习的心态参与复盘的研讨;

- 采取恰当的干预措施,让所有人员全心、全情投入;

- 帮助团队厘清目标,并保持聚焦;

- 通过提问,激发与会者思考的热情,为团队提供必要的反馈;

- 将冲突、不一致的意见转化为建设性创造;

- 及时澄清,总结、提炼并记录形成共识的观点;

- 提高对话质量,兼顾主张与探询(balancing inquiry and advocacy),引发深入的反思;

- 为团队研讨提供必要而合适的工具与方法,以及信息等方面的支持,提高团队工作效率;

- 负责或协助团队领导做好复盘的记录以及后续推进。

团队复盘引导的"三阶九步法™"

基于长期的实践经验,我认为,进行团队复盘需要精心准备、有效引导,并推进到位。具体操作程序包括三个阶段、九个步骤(见图4-3),简称"三阶九步法™"。

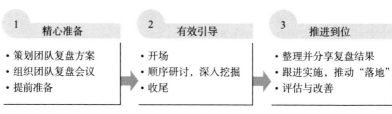

图4-3　团队复盘引导的"三阶九步法™"

第 1 阶段　精心准备

由于复盘主要是以团队研讨的方式进行的，要基于客观的事实，有明确的目的，因此需要精心的准备。

在这个阶段，主要包括以下 3 项工作。

第 1 步　策划团队复盘方案

根据企业的具体情况，可以选择一个事件、活动或项目，或者是一段时间内公司或部门的经营情况、主要工作以及战略，进行复盘。根据不同复盘主题与范围，设计不同的操作形式（如是否要安排面对面的复盘会议，需要多长时间，议程如何安排等），选择所需的人员，明确复盘的目的与预期成果。

第 2 步　组织团队复盘会议

实践表明，如有可能，尽可能地召开面对面的团队复盘会议，以确保复盘的效果。为此，要明确职责分工，提前与与会者（特别是关键人员）确认好时间，既要坚持"越快越好"的原则，又要确保关键人员准时与会——如果缺了关键的利益相关者，复盘会议就可能残缺不全。

同时，根据"便于学习""越近越好"的原则，确定复盘会议的地点。

此外，要根据复盘的目的，设计复盘会议的议程与研讨形式。

第 3 步　提前准备

要指定人员对复盘会议所需的各种资料进行汇总，通常是与事件 / 活动 / 项目或公司战略相关的文件，如计划方案、执行过程中产生的文档、工作总结报告，以及其他与目标、过程和结果相关的参考资料。

根据需要，这些资料可以提前发给与会者，也可以打印出来，放在复盘会议现场或工作场所备查。

如果现场引导者是外部人员，或者是与项目并不紧密相关的人员，尤其需要事先了解相关的背景信息。

同时，如需要，还要通知相关人员或部门提前进行个人或部门的复盘，进行必要的思考或梳理。此外，还需要相关人员进行必要的行政、后勤方面的准备。

第2阶段　有效引导

接下来，团队复盘会议的质量是非常关键的，因为它是复盘的核心过程，也直接影响到复盘的效果。

在这个阶段，主要包括以下3项工作。

第4步　开场

因为不同的参与者可能对复盘的程序与规则了解不一，因此在开场时，需要申明复盘的目的、程序与规则，确认和提醒相关注意事项。

同时，应简明扼要地介绍复盘会议的主题、范围，以及事件/活动或项目的背景、分工、进度等信息，使大家信息一致，便于后续讨论。

如果有部分不太熟悉的与会者，应简要介绍，并可组织一些"预热"活动，营造适宜的对话氛围，并获得大家的认可与承诺。

第5步　顺序研讨，深入挖掘

尽管不同类型的复盘有不同的程序，但其内在的逻辑是一致的，因此需要参考之前设计好的议程，按顺序引导团队进行研讨（可参考附录 A 中的"复盘画布™"）。

按照复盘的底层逻辑，为了让学习发生，不管时间长短，都要保证团队能够完整地走过复盘的 4 个步骤，即①回顾、评估；②反思、分析；③萃取、提炼；④转化、应用。

在引导团队交流的过程中，以各个步骤要回答的主要问题作为提问的参考。同时，可根据目的、对象等，灵活选择适用的方法与工具，如说话棒、头脑风暴法或团队列名法、世界咖啡、五个为什么、"思考的罗盘™"等（参见第 7 章，部分常用方法与工具的简介参见附录 B）。

当然，顺序研讨并不意味着平铺直叙或平均用力，无论在哪个阶段，对于一些关键问题，或有学习价值的点，都可以而且应该深入地研讨；尤其是对于一些大型事件或项目，几乎不可能面面俱到，更需要抓住关键、突出重点。

第 6 步　收尾

很多会议的通病是没有收尾环节，草草了事。虽然复盘的底层逻辑中包含了总结经验教训、提出后续行动计划的环节，但在复盘会议结束之前，仍应简明扼要地总结，倾听与会者的心声，对大家的投入表示感谢，并明确后续的跟进措施。如同中国人写文章讲究"虎头豹尾"一样，好的收尾也是有效的复盘会议不可或缺的一环。

第 3 阶段　推进到位

复盘是以学习和改进为导向的，因此不能只是开了个会就完事大吉，必须把复盘的结果真正付诸行动，推动复盘的"落地"，促进后续行动的改进、创新以及绩效的提升。

在这一阶段，主要包括以下 3 项工作。

第 7 步　整理并分享复盘结果

整理复盘研讨成果，包括但不限于对关键问题的分析、提炼的经验与教训、反思发现、行动计划以及管理改进建议等，将其发送给复盘会议参与者，在获得认可之后，发送给团队成员以及其他团队。

如果通过复盘萃取出了有价值的经验与教训，可以整理成微课或微内容，分享给相关团队；如果组织内部有知识管理系统，在征得团队认可的情况下，可以将这些资料全部或部分地共享到知识管理系统中。

此外，团队内部也要建立复盘资料存档系统，便于以后查阅和重复使用。

第 8 步　跟进实施，推动"落地"

对于复盘会议确定的改进事项及行动计划，要与责任人联系，定期跟进行动计划的实施情况。如果在执行过程中存在一些问题或困难，要进行协调、推动解决，并视需要，提供相关的资源协助。

复盘引导师可参考"扩大复盘的影响"（参见第 8 章），从应用广度和深度两个方面，充分发挥复盘的威力，确保复盘价值最大化。

第 9 步　评估与改善

在实施一段时间之后，可对复盘效果进行评估，并根据实际情况，讨论后续改善措施。后续改善措施并不是复盘过程中确定的行动改进计划，而是指经过此次复盘及其"落地"效果，我们还需要采取的改进措施，包括明确下一步复盘、创新与组织发展的方向等。

关于如何评估复盘的效果，请参见第 8 章。

当然，以上只是引导团队复盘的总体框架与工作指引，仅供参考。在企业实际进行团队复盘时，还会遇到很多具体的问题，包括会议引导过程中的诸多挑战（参见第 7 章）。为此，需要掌握更多复盘引导技巧，创造相应的条件，把复盘做到位。

回顾与练习

1. 团队复盘的意义或价值有哪些?

　　A. 总结成功经验,形成制度、流程与规范

　　B. 梳理失败教训,避免重复犯错

　　C. 系统反思,激发创新

　　D. 促进团队成员之间的经验分享,提升团队协同作战能力

2. 对于团队复盘,复盘引导师的角色与职责有哪些?

　　A. 设计策划　　　B. 关注过程　　　　C. 营造氛围

　　D. 促进参与　　　E. 后续跟进

3. 邱昭良博士开发的"三阶九步法™",指的是什么?

　　A. 开场,顺序引导,关闭

　　B. 精心准备,有效引导,推进到位

　　C. 参与者,引导师,组织

　　D. 提前准备,有效复盘,事后跟进

4. 请思考:可以对哪些事情进行团队复盘?

5. 请选择你的实际工作或参与的项目,尝试设计并引导一次团队复盘。

扫描二维码,关注"CKO 学习型组织网",回复"团队复盘",查看部分参考答案与解释。

第 5 章

·CHAPTER 5·

项 目 复 盘

　　从实践上看，项目是天然适合做复盘的主题。无论是在项目进展过程中，还是在整个项目结束之后，都可以进行复盘，从中学习，理解、掌握项目的规律和关键要素，提升项目管理能力和组织协同能力。

　　在本章中，我们将基于英国石油公司、联想和万达的实践经验，总结出分阶段、分层次的项目复盘模式（我将其称为"多重迭代式复盘"），及其关键成功要素。

英国石油公司的"事后回顾"与项目复盘实践

英国石油公司借鉴美国军队的做法，将 AAR 称之为"事后回顾"，是"做中学"（learning by doing）的一种机制。

事后回顾的规则非常简单，几乎无须额外说明，既简单又快捷，应用起来也很容易。一个坦诚的、务实的事后回顾会通常时间不超过 20 分钟，在项目进行期间，在任何一个能定义出开始和结束的事件之后马上进行，而不是等项目结束以后再进行。在一个长期项目进行期间，可能举行 10 ～ 15 次事后回顾。

事后回顾的指导原则

按照克里斯·科里逊（Chris Collison）和杰弗·帕塞尔（Geoff Parcell）的描述，英国石油公司在应用事后回顾方法时，遵守下列方针。⊖

1. 马上开事后回顾会

当所有参加者有时间时，就马上开事后回顾会。这时，所经历的事情和问题在他们的脑海里仍栩栩如生，而这些总结也可以马上得到应用，甚至第二天就用得上。例如，BP 越南公司每次和政府机构谈判完之后，都要用 15 分钟以事后回顾方法来总结情况，回头看看自己做过的事情，知道第二天再做时怎么改才更好。

2. 营造良好的氛围

事后回顾会成功的理想氛围之一是，大家要开诚布公，愿意学

⊖　克里斯·科里逊，杰弗·帕塞尔 . 英国石油公司组织学习最佳实践 [M]. 李准，译 . 邱昭良，审校 . 北京：机械工业出版社，2003.

习和改进。事后回顾是一个学习的过程，而不是批评、追责或表扬。事后回顾会绝对不能变成对个人行为的评论会。

所有和事件有关的人都出席这个会议，每个人都有同样的发言权。美军也有类似的做法，他们的提法是："把你的军衔钉在门上"。这样，在事后回顾的过程中，普通员工也可以畅所欲言，对上级领导的行动和指令提出意见。

坦诚是建立团队凝聚力的核心。为了增加团队的凝聚力，团队里就不能有指手画脚者，不能有居高临下的领导——所有有关人员都拥有自由发表自己看法的权利。

3. 任命一个联络人

事后回顾联络人也可被称为"引导师"（facilitator），其职责不是"给出"答案，而是帮助小组"学习"寻找答案。为了自己和小组能学到知识，必须营造氛围、引导人们畅所欲言，使会谈过程简洁而高效。

4. 回顾预期目标

事后回顾是一个非常直截了当的方法。针对任何一个有着明确的目标和行动计划的事件或活动，联络人引导大家讨论：预期目标是什么？假定会发生什么情况？确保大家对目标达成一致理解。

5. 再现实际情况

接下来，联络人要引导大家去了解事实，理解那些真正发生的事情——美军称之为"铁的事实"，而不是某个人的观点或意见。

在这个过程中很有可能会发生分歧，而这恰恰是宝贵的学习机会，让人们畅所欲言，把自己的所见、所想都讲出来，有助于增进相互理解和团队整体协同。

6. 比较实际和计划的差异

真正的学习过程是从比较计划和实际发生事情的时候开始的，分析"为什么有差别"以及"我们从中能学到什么"，有助于找出成功和不足之处，然后将总结的经验糅合进后续行动的步骤中，制订行动计划，以保持优点，改掉缺点。

7. 记录事后回顾过程

记下事后回顾过程中的主要部分，能使人们明白发生了什么事情，便于经验的传承和知识分享。虽然事后回顾会得出的经验教训，是在某个特定背景下总结出来的，是针对这个小组的，其结果并不一定适用于其他团队和场合，但是将这些鲜活、宝贵的经验教训变成团队 / 组织可以传承、共享的财富，并从众多事后回顾中发现共性的问题，从而修补组织短板，促进组织发展，就能充分发挥团队复盘的作用。

由此可见，在英国石油公司，事后回顾与美军 AAR 类似，是一个结构化的团队研讨过程，它既遵循复盘的一般过程，又非常注重引导，不仅有明确的角色与职责分工，也注重氛围营造，促进大家参与。

项目复盘的 12 条秘诀

虽然"项目"从本质上讲是独特的，但正如英国石油公司前任 CEO 约翰·布朗所说："大部分活动或任务都不可能是一次性的事件，无论是钻一口井，还是在加油站做一笔生意，人们常常重复性地做某件事。我们的目标非常简单，那就是每一次我们重复做某件事，我们都要比上一次做得好一点。"⊖

⊖　约翰·布朗. 揭开学习魅力的面纱 [J]. 哈佛商业评论，1997.

为此，无论对于项目，还是例行工作，在工作进行了一个有意义的阶段后（也许是刚刚完成一个重要工程的筹建、一个公司的重组、一次并购或市场推广战役），可以花一些时间回忆过去发生的事情，总结经验，为别人及自己以后做参考。

在英国石油公司，许多业务部门都有一种"项目复盘"（retrospect）机制。它可能是对一个简单项目的结项回顾，在项目小组解散之前，花上 2 个小时的时间，迅速和有效地总结这个项目的知识和经验，保证学到为将来服务的经验；也可能是对一个复杂的、几个公司共同参加的合作课题、大型项目的阶段性回顾，需要花 2 天时间，来讨论可能涉及的所有内容。

因此，项目复盘的结构在许多地方与事后回顾是类似的。概括而言，要讨论下列议题。

- 重温项目的目标和交付成果。
- 看看过去哪些事做得比较好，多问几次"为什么"。
- 看看哪些事能做得更好些，多问几次"为什么"。

但是，与事后回顾相比，它仍有以下特点。

- 更有深度：和美军的正式 AAR 类似，项目复盘需要系统地筹划、准备，花费的时间也更长，因而分析更为全面、深入。
- 前瞻而规范：项目复盘是为将来项目的应用而特意总结经验和看法的，它不只是为了小组自己进行总结与逐步完善。
- 邀请客户参加：每一个会议的结果都会有一个直接客户。如果可能的话，邀请客户出席整个过程，以便更为深入地了解前因后果，知道那些可能不会被写进会议报告中的东西。

对于项目复盘，以下 12 项操作注意事项是英国石油公司多年来摸索出来、屡试不爽的"秘诀"。[⊖]

1. 召集会议

强烈建议组织一个面对面的会议。虽然电话会议或视频会议也可以（总好过什么都没有），但面对面的会议效果会更好。如果你担心人们在会议上不会畅所欲言，也可以单独和他们见面，但永远不要试图用电子邮件来完成总结。

与 AAR 类似，在项目结束时，你要以最快的速度召集项目复盘会议；比较理想的情况是项目结束后两周内。如果时间过了太久才开会，人们的记忆就会衰退，会被其他事情影响或冲淡，变得模糊不清。

同样，如果可能的话，开会的地点应尽可能靠近项目进行的地方，避免选在没有特色的或宾馆式的地方。项目现场或"作战指挥室"是最理想的地点，因为它可以带给大家更多的回忆和启发。枯燥单调的宾馆会议室只能产生枯燥单调的结果！

如果可能的话，你可以考虑将项目复盘会变成一次庆祝活动。

对于会议时间，至少要保证每个人发言时间不少于 20 分钟，如果是长期的、连续的和复杂的大项目，还应适当延长时间。

确保有足够的辅助工具（例如即时贴、记事本、海报纸等）。

2. 邀请合适的人

如果可能的话，邀请一个"客户"参加研讨。

如果有一个类似的项目正准备开始，或已经开始了，那么邀请

⊖ 详情请参考克里斯·科里逊，杰弗·帕塞尔. 英国石油公司组织学习最佳实践 [M]. 李准，译. 邱昭良，审校. 北京：机械工业出版社，2003.

这个新的项目小组成员参加复盘会，将是非常有价值的事情，因为这样可以让刚刚总结出来的经验与问题，一提出来就能立即传递给新的使用对象。

需要提醒的是，如果有其他项目小组成员过来参会的话，要尽量将自由交流时间拉长点。例如，可将会议安排成两天，让大家共进晚餐。在会议进行过程中，增加或延长茶歇时间——你会发现，可能就是在同一间屋里，人们已经迫不及待地开始交流了。

项目负责人必须参加，项目的主要成员也应该参加。在理想条件下，这个项目的用户、赞助人、客户都应该参加，至少要出席会议的开始部分。如果会议有高层领导者参加，虽然有助于提高利益相关方的重视程度，但是他们的出现也可能使会议气氛变得过于正式或紧张，有些小组成员可能就不敢发言了。

让项目负责人、联络人或经理安排会议的日程。他最有决定权，知道谁应该参加，谁在项目小组里有影响力。

在召集与会人员、和他们联系时，要同时申明会议的目的：通过这个项目学到经验，使将来的项目能够更加顺利地进行。

3. 任命联络人

要保证项目复盘的各项工作顺利推进，必须指定一名独立的联络人（或引导师）。

这个人最好是与这个项目关系不大的第三方人员，因为如果项目联络人与项目紧密相关，会议可能会集中在"我们做过了什么"，而不是"下次遇到类似的情况，我们应该怎么做"上。但是，如果联络人和项目没什么联系，或事情有点复杂，那么他就可能要事先做些准备工作（例如提前和主要的小组成员进行沟通、讨论），了解关键的问题，而不必纠缠于细节。

联络人也不能是上级主管部门的领导，这样可以保证会议的中立性，完全摆脱任何对个人行为的评价。

联络人的核心职责是引导大家讨论、开好项目复盘会，他不必熟悉要讨论的内容，也不必是项目业务方面的专家。

4. 重温项目的目标和交付成果

与活动复盘类似，项目复盘也要从明确最初的目标开始，询问"我们预期的目标是什么"以及"我们真正取得的成果是什么"。

联络人可能要问客户或参与者："你们是否达到了预期目标"，并可以按照项目的"关键成功因素"（KSF）或"关键绩效指标"（KPI），逐个了解项目是否实现了预期目标，是否让客户满意，包括工期、成本、质量等。

5. 重温项目的计划或过程

对于大型或复杂的项目，应该重新审查项目计划，将它和实际进行的情况进行比较，找出其中的差距。如果可能的话，描绘出项目的"全貌"。这样会很有价值。

联络人可以和小组成员一起，画出一个项目实际进度的流程图，同时确定出各个阶段的核心任务、关键步骤和决策点。用这种方法，你可以发现项目哪些部分延迟了，哪些提前了，哪些完成得效率很高，哪些拖拖拉拉，哪些部分小组成员还不大清楚做到了哪一步。

6. 询问"什么做得很成功"

记住：永远从做得好的地方开始！我们应该尽可能积累好的实践方法，并尽量避免错误。联络人可以询问："在向目标迈进的过程中，我们取得成功的有哪几步？项目中真正做得很棒的是哪些地方？"

同时，必须多问几次"为什么"，它会使你很快找到问题的根源。

此外，保证每个人都参加讨论，请那些不作声的人发言。

7. 分析成功的原因，并将结论转换成对将来工作的建议

秉承客观公正、实事求是的原则，排除感情色彩，找出成功的原因，总结出重要、可以重复使用的经验和建议。总结出的经验和建议，必须基于大家公认的事实。

在这个阶段，主要采用团队对话引导的方式，让大家畅所欲言，以开放的心态，自由地探讨，不压制任何不同的声音，并将冲突引导为富有建设性的、创造性的对话，逐渐达成共识。

8. 询问"哪些可以做得更好"

没有完美的项目，即使是取得了全面成功的项目也有可以改进的空间。因此，接下来，要围绕着"哪些地方可以做得更好""哪些过程是次优的""还有哪些遗憾或缺陷"等问题，展开讨论。

同时，再次运用"多问几个为什么"的技巧，探询一下影响项目组未能做到最好的原因。

9. 找出困难和改进建议

项目复盘应放眼未来，不要纠缠于过去的错误。但是，找出"绊脚石"和容易犯的错误，以便将来不再犯这类错误，也是很重要的。

下面的问题会非常有用："在当时给定的信息和知识条件下，我们能做得更好吗""在现有的信息和知识条件下，我们怎样把这些项目做得不一样，以保证获得更大的成功""根据你现在的经验，你对将来这类项目的小组成员有什么建议""如果下次仍有机会做类似项目，你会在哪些方面采用不同的做法，以便做得更好"。

10. 确保没有遗漏，每个人都畅所欲言

你不能让任何人在离开会场时觉得事情还没有说清楚，或觉得自己有价值的意见没被重视。因此，可以利用打分或让大家评价的方式，来确认是否有被遗漏的事项。你可以问大家："现在想一想，你对这个项目的满意程度如何，如果 10 分为满分，你打多少分？"

如果有人打了不到 10 分，你可以问："你觉得怎样才能达到 10 分呢？"用这个方法，你就可以知道他们没有表达出来的、不满意的地方了。

11. 询问"接下来做什么"

与活动复盘一样，项目复盘也要付诸应用，才能真正发挥价值。如果与会者中有人正准备再做一个类似的项目，那么可以提醒他们是否能利用刚刚总结出来的经验教训，去对自己的项目计划、方法等加以优化。

12. 整理并分发会议记录

有一个结构清晰、简明扼要但保持完整性的会议记录，是非常重要的，因为没有人喜欢看杂乱无章的长篇大论。但是，如果过于简略，缺少必要的细节，也将大大削弱会议记录的价值。

因此，要尽可能详细地记录对将来工作有帮助的建议，将其醒目地标注出来，适当的时候要直接记录大家的发言。之后，应征求每一个参会者的意见，确保没有任何人的话被误解，也没有重要事项被遗漏。这是对联络人的一大挑战。

一旦统一，要将最终的文件分发给大家，并共享给可能会从中受益的人。

多重迭代式项目复盘操作模式

从上述案例可知，项目复盘对于业务发展、绩效改善具有重要价值。

事实上，除了英国石油公司之外，还有许多其他公司都普遍应用了项目复盘这种机制。例如，在谷歌公司，在产品或重要功能问世时，项目组会进行类似复盘的"事后讨论会"，让全体成员聚在一起讨论哪些做对了，哪些做错了。之后，他们会将讨论结果公布，让每个人知悉。这就是项目复盘实践。

再如，在沃尔玛，每新开一家店，都要进行复盘，总结出以后需要改正的错误（correction of errors）以及最佳实践，并与其他分店分享，促进组织整体运作的优化。这也是项目复盘的应用。

在本书附录 C 中介绍的联想、大连万达，也都将复盘作为一种基本的工作方法，有效地推动了项目的运作和组织发展。

那么，如何进行项目复盘呢？

较大型的项目，时间周期长，涉及的工作任务很多，参与者众多。对于这类复盘，如果只是最后才做一次，肯定是不够的。原因包括如下几点：①时间拖得过长，可能导致事实变得模糊不清；②可能发生了较多的人员变动，导致现有成员并不了解之前的状况；③可能积累了很多的问题，导致研讨起来费时费力，而且让参与者有较大的畏难情绪。因此，根据我的经验，项目复盘要采用多重迭代式的操作模式，将复盘融入项目运作之中，分层分类，逐次进行。

分层级复盘

具体来说，在进行项目复盘时，首先要分层进行系列复盘。

1. 项目内部各小组或职能条线的复盘

对于一些大的项目,让全体成员都聚在一起复盘并不太容易组织。因此,可以以项目小组为单位,或按照职能条线,进行复盘。例如,在企业资源计划(enterprise resource planning,ERP)项目中,可能包括项目管理组、技术组、财务组、销售组、采购与物流组、生产制造组等小组。这些小组内部可以定期(如每隔一两周)对本小组的工作进行复盘,也可以对其职责范围内的重要事件或项目当前的关键节点进行复盘。

2. 项目组层面的复盘

项目的成功往往离不开各小组的通力配合。因此,项目组层面上也要及时进行复盘。对于一些大的项目,如果无法让全体成员都参加,可以选择各小组的负责人及业务骨干参加。

对于每一次复盘,可参考本书第4章所述的团队复盘模式操作。

分阶段复盘

同时,无论是小组或职能条线层面,还是项目组层面,都可在以下四种情况下进行复盘。

1. 关键活动或事件复盘

关键细节决定成败,在项目过程中,无论是小组还是项目组,要及时对项目当前的重要事件或关键节点进行复盘。如上文所述,可对一些新的、重要的,或有价值的、未达预期的事件或活动进行复盘。

2. 定期进行项目进展回顾

项目管理很重要的一个环节是建立沟通机制,如周例会或月度例会等，可在常规的进展汇报、问题研讨之外，组织复盘会议，事实证明也是非常有效的。

3. 项目阶段性复盘

在项目的每个阶段进行复盘，总结上一阶段工作，学到可以应用于项目后续工作的经验教训。如联想 ERP 项目（参见附录 C）所示，对项目的阶段性复盘，不仅有助于发现项目中隐藏的风险与"短板"，也可让项目组成员更深入地把握项目规律，更好地相互配合，从而提高项目成功的概率。

4. 项目总体复盘

在项目结束之前或之后不久，进行总体复盘。如上文所述，英国石油公司非常注重项目总体的回顾与经验分享。事实上，谷歌、联想、沃尔玛、沃尔沃、微软等公司，都有类似复盘的项目总结机制，在项目结束后专门安排总体复盘。

项目复盘的关键成功要素

在许多公司中，项目工作千头万绪，大家都很忙，工作压力巨大。在这种情况下，要想将项目复盘推行下去、做到位，并能长期坚持，需要考虑以下几个关键要素。

1. 领导重视

如果离开了这一点，日常复盘和项目阶段性复盘可能都很难开展，更不要说坚持下去。例如，联想 ERP 项目先后两任项目总监，都非常重视项目阶段性复盘，不仅亲自参加，而且推动复盘成果的落地。同样，在君联资本，从总裁朱立南到项目负责人，甚至是柳传志先生都高度重视并亲自参加项目复盘。可以说，日常工作计划研讨与总结、阶段性复盘，就是他们的基本工作方法。

2. 明确责任

虽然项目复盘会占用一些时间、主要负责人的精力，特别是对于一些大项目，项目负责人和骨干往往在企业中承担着比较重要的职责，日常工作非常繁忙，但是实践表明，投入专门的时间和精力、资源是值得的。

例如，1998 年启动的 ERP 项目是联想第一次实施跨业务单元、多业务流程的管理系统，当时国内也缺乏此类项目的先例，主要项目人员（包括内部和外部顾问）都缺乏足够的经验，在这个过程中不断地进行阶段性复盘，不仅保证项目在缺乏经验的条件下能顺利推进、成功上线，也为以后实施类似项目积累了宝贵经验。

在 ERP 之后，联想陆续实施了大型的供应链管理（SCM）、客户关系管理（CRM）项目，就有效借鉴了 ERP 项目的经验，不仅缩短了项目实施周期，提高了成功率，也节约了成本。

事实上，联想 ERP 项目不仅在项目过程中有过多次阶段性复盘，在项目结束后，公司还组织项目管理组核心人员进行了两次专题研讨会，并拟定了分工，最终形成了长达数万字的 ERP 复盘报告。

在联想投资，各项目组也是项目复盘的第一责任人。

3. 积少成多，图难于易

老子在《道德经》中写道：图难于其易，为大于其细。天下难事必作于易，天下大事必作于细。

对于大的项目，在执行过程中，要定期或阶段性复盘（可能每半个月到一个月要进行一次），对复盘结果要形成书面的资料，一方面是工作计划、检查、推进使用；另一方面也可供后续参考，为项目总体复盘提供素材。如果没有这些日常的积累，项目总体复盘可能就会流于表面，仅凭项目参与方的印象，对于一些大项目而言，难免会有偏差。

同时，项目中具体事件的复盘做起来并不难，日积月累，积少成多，对于项目总体复盘是很重要的。

4. 把复盘当成推进工作的一部分

不要把复盘当成一项额外的工作，而是与实际工作研讨、推进、检查、调整紧密结合起来，把复盘当成工作的一部分，是一种基本的工作方法。

不要为了复盘而复盘，复盘也不只是提升能力或学习的一种方法，对于复盘的结果不能是"说说而已"，必须认真对待，把它真正落实到位。例如，通过复盘，发现目标或计划有些偏差，应对目标或计划进行及时调整。如果发现实现目标的策略打法或运作模式、沟通策略与机制等存在问题，也应及时改进。

回顾与练习

1. 请思考:项目复盘的意义或价值有哪些?

　　A. 提升团队协同作战能力

　　B. 总结并传承经验

　　C. 及时发现并防范风险,纠正偏差

　　D. 找到规律,固化成功的最佳实践

　　E. 其他

2. 对于项目复盘,要按照多重迭代的模式操作。那么,怎么理解"多重迭代式复盘"?

　　A. 不是在项目结束之后才做复盘,而是把复盘作为一种工作方法嵌入项目运作体系之中

　　B. 对于大型项目,要分层次进行复盘,不一定事事都是整个项目组一起复盘

　　C. 对于持续一段时间的项目,要分阶段进行复盘,包括对关键事件、项目阶段进行及时或定期复盘等

　　D. 项目复盘要有专人负责,持续推动,反复进行

3. 要想把项目复盘做到位,需要把握哪几个关键点?

　　A. 领导重视

　　B. 将复盘作为一项基本的工作方法,而不是额外的任务

　　C. 指定专人负责,各团队负责人负责组织本团队的复盘

　　D. 从简单的事件复盘做起,循序渐进,积少成多

4. 结合你的实际工作,请思考:可以对哪些项目进行复盘?如何操作?

5. 请选择你的实际工作或参与的项目,尝试设计并引导一次项目阶段性复盘。

扫描二维码,关注"CKO学习型组织网",回复"项目复盘",查看部分参考答案与解释。

第 6 章
•CHAPTER 6•

经营与战略复盘

　　曾有人说：好的企业家不是教出来的，而是干出来的。我觉得这话有些道理，因为企业的经营与管理是一个特别复杂而微妙的系统，不仅要具备一定的知识和技能，也要有相应的经验，甚至是直觉和智慧。为此，从经验中学习将是企业家"修炼"的重要方式。将复盘作为一种机制，嵌入企业的经营与管理之中，定期进行经营与战略复盘，也是很多优秀企业的最佳实践。

　　在本章中，我们基于谷歌、联想等公司的实践，提炼出经营与战略复盘的操作方法与关键要点。

谷歌：经营复盘与 OKR 是"天作之合"

谷歌公司注重选拔有远大抱负和超强学习能力的"学习型动物"，倡导员工制定近乎遥不可及的宏大目标，上至首席执行官，下到每一位员工，都有自己的目标（就是需要达成的战略目标）以及关键成果（用以衡量达成目标的进度）（objectives and key results，OKR）。

同时，每个季度，公司都会召开全公司会议，从 CEO 到各产品和业务负责人都会上台，逐一讨论自己的 OKR 及其对自己团队的意义，并依据自己上一季度的 OKR 指标为自己的表现打分。高管会对自己的失误以及失误背后的原因坦率地进行剖析。会议之后，大家会基于同步的信息，审慎地分析、制定下一季度的 OKR，并在公司内公布，好让大家快速了解彼此的工作重点。

由此可见，定期进行复盘，是谷歌管理体系运行不可或缺的要素，它与 OKR 紧密结合，形成一个开放、透明、闭环的信息反馈机制。

这是谷歌公司内部进行经营复盘的实践做法，简单，但有效。

联想：将复盘嵌入经营与管理

复盘是联想方法论的基本构成要素之一。在联想，复盘总体上分为两种：战略性复盘和战术性复盘。战略性复盘指的是对于公司发展的重要节点、战略方向与路线选择、战略部署进行检讨和反思；而战术性复盘，是对项目运作的过程、方法以及日常运营中遇到的问题等战术性工作，进行分析、检讨，总结经验教训。因此，除了在项目及活动上及时复盘，联想也在日常的经营与管理中，定期进行经营与战略复盘。张涛指出：回顾联想几个重要历史时期的重要节点，柳传志先生都是依靠反复总结研究的"复盘"，才最终取得成功的。[⊖]

按照柳传志先生的"管理三要素"——"搭班子、定战略、带队伍"，联想非常注重班子建设，而"班子"的核心任务就是"定战略"，并通过"带队伍"，确保执行到位，并及时纠偏。因此，联想高管团队有定期召开"务虚会"、通过复盘来制定战略规划的习惯。

一般的做法包括以下几类。

务虚会

柳传志对战略高度重视，在联想的具体体现即公司有频繁的"务虚会"，也就是柳传志经常说的"把嘴皮子磨热"。所谓"务虚会"，就是在面临重大决策之前，一把手要和团队成员以及外部顾问，反复地讨论，不是谈具体做什么和怎么做，而是想清楚相关的原则、大思路、根本性的问题，并达成共识。

务虚会通常由企划办负责组织，定期或不定期地进行，有时候甚至要开 2～3 天的闭门会议。在涉及公司战略的务虚会上，对自己过去经历的复盘，以及环境分析等，都是重要的研讨内容。

比如，在联想正式收购 IBM PC 业务之前，通过多次正式和非正式的务虚会，充分讨论清楚了并购所面临的挑战及并购后的三大风险（客户认可、员工流失、业务整合和文化磨合），以及控制和应

⊖　张涛 . 柳问：柳传志的管理三要素 [M]. 杭州：浙江人民出版社，2015.

对这三大风险的对策、关键问题，比如"董事长跟新的 CEO 关系怎么处""人家合适怎么处，不合适怎么处"，等等。事先把这些关键问题讨论清楚，之后就是坚决地执行，"把事情做透"。与此同时，在过程中及时反思、调整。

年度战略回顾与规划研讨

在联想的方法论中，要求做事"目的性极强"，这不仅意味着你要在事前想清楚目的、做好规划，而且需要在做事情的过程中始终牢记自己的目的。为此，柳传志先生非常重视战略规划。在联想规模还不是很大的时候，柳传志先生就建立了较为规范的年度战略回顾与规划研讨体系。在每个财政年度（简称"财年"）结束之前数个月，集团各部门即开始着手进行本财年的总结以及新财年的战略规划。

在这个过程中，各个事业部（业务集团）都要先进行自身业务的复盘，总结亮点与不足，更新对市场变化的洞察，提出业务新财年的策略。

之后，集团企划办会组织正式的战略汇报与研讨会，一方面传达公司整体层面上的战略思路，另一方面分享各业务板块的经营复盘与战略思路。

这样，往往经过几来回，就能够确定公司总体的战略目标、预算方案，以及各业务部门的战略规划。

定期进行经营复盘

按照联想方法论中另外两项内容（"分阶段实现目标"和"复盘"）的要求，每个业务部门都会将年度规划分解到季度和月份，而且每个季度都会进行定期"复盘"（事实上，业务部门每个月都会进行经营分析）。在事业部完成了各自的季度经营复盘之后，全公司会召开部门领导以上干部参加的总体复盘会议，分享、交流、研讨。如在经营过程中，内外部状况发生了重大变化，甚至要重新进行业务调整和规划。

由此可见，联想将复盘作为一种基本的工作方法，将其嵌入公司的经营与管理，形成了"规划—执行—复盘—优化"的闭环管理体系，以此支撑着公司的运作。

经营与战略复盘如何做

综合国内外企业经营与战略复盘的实践做法，我认为，企业进行经营与战略复盘的常见做法包括以下三种。

季度业务复盘会

很多公司都有召开月度或季度工作例会的习惯，主要是对当月或季度各部门工作状况进行总结。按照复盘的逻辑，我们可以将这样的例会"改造"成季度业务复盘会（quarterly business review，QBR），不仅是回顾业绩、推动工作、解决问题，更重要的是让大家不只是"低头拉车"，而是跳出具体的事务，从经营中学习，边干边学，快速调整、应变。

具体做法如下所示。

1. 回顾绩效目标

季度业务复盘会离不开对绩效指标的回顾。在一些公司中，在公司和各个子系统层面,会选择一些最关心或主要的指标,如收入或用户数增长、利润、客户满意度等,做成"仪表盘"(dashboard)。在 QBR 上,会对仪表盘上的主要指标实际状况进行回顾,看看是否处于合理范围之内,还是有异常。

2.分析差异的原因,以及是否需要优化衡量指标体系

需要提醒的是,不能就指标来谈指标。按照复盘的精神,要深入地分析造成差异的根本原因。甚至要以开放的心态,对指标的设定进行反思,看看是否需要调整指标及其赋值。

3.重要事项讨论

在 QBR 上,要对公司重要项目、业务进展状况,以及上一季度公司内外的关键事件进行回顾、研讨。

举例来说,对于一个创业公司,核心产品研发可能是公司当前的重中之重。为此,QBR 上要对产品的研发状况进行深入的讨论,包括与预期目标相比的实际状况、遇到的问题、原因分析、需要的支持以及改进计划等。

同时,也要及时通报、讨论竞争对手的状况、市场的变化等相关信息,看看是否要调整目标、策略,或者制定全新的策略。

在这一部分,可以按照部门或职能模块(如研发、生产、市场销售、人力资源等),依次进行交流,也可以聚焦于关键事项进行深入研讨。例如,若公司近一段时间非常关注大客户拓展,可以重点分析某个典型客户的状况,以便举一反三。

4.制定新的绩效目标以及具体行动计划

基于上述讨论,公司和各部门制定新的绩效目标以及行动计划。

年度战略复盘与规划研讨会

在一些变化比较快的行业里，并不一定要按照年度来进行战略复盘，可以划小时间周期，按季度来回顾。在硅谷，甚至有人为此发明了一个新词："A Quater Year"（一季度为一年）。但在现实生活中，许多公司都是按年来制订经营计划和考核的。为此，可以把复盘和年度战略回顾、研讨与规划结合起来。

在季度末 / 年底，高管团队（和 / 或扩大到核心业务骨干）凑在一起，按照复盘引导的一般逻辑，对照季度 / 年初确定的战略和目标，回顾一下实际执行情况，对这个过程中发现的一些重要问题进行研讨，看看它们对公司的战略与目标可能有哪些影响。

需要说明的是，因为企业经营与战略是一个非常复杂的系统，对于此类复盘，不能只看企业内部，必须"内外兼顾"，对于企业外部环境、客户、竞争对手、合作伙伴等的相关变化，也要定期更新，并反思、分析，发现趋势或规律，顺势而为。

组织学习史

将组织过去数年的发展历程绘制成一幅画卷，列出其中的关键变化或重大事件，让大家对其进行反思、回顾，从而学到一些经验教训，用以指导组织当前正在或即将推行的变革措施。这种方法与商学院的案例研究不同，不是研究他人的案例，而是反思组织自身发展历程，从中学习。这是组织战略复盘中可以采用的一种有效方法，被称为"组织学习史"（learning history），由美国麻省理工学院组织学习研究中心的阿特·克莱纳（Art Kleiner）和乔治·罗斯（George Roth）等创造。

那么,什么是组织学习史?应该如何操作?

从某种意义上讲,学习史是一卷档案(或"画卷"),按照时间顺序(通常以年度或季度为单位)记载了组织的重大事件,包括主要参与者的对话、个人见解等,有时候长达百页。

在实际使用这一方法时,包括两个阶段。

1. 绘制组织学习史

就像史学家撰写史书一样,绘制组织学习史也要基于负责、审慎的态度,通过一个缜密的信息收集、分析过程,以多种方式(如访谈、文献分析等)、从多个方位收集素材,对信息的真实性、可信性进行验证,然后进行提炼、整合,尽可能真实地还原事实。

组织学习史通常采用双栏格式,其中一栏列出重大事件的过程,在另外一栏的相应位置,列出关键问题和不同人的评论(尽量引用人们的原话)。

2. 组织学习史集体反思会

在学习史绘制完成后,不要以报告的形式打印出来,而是应该组织一次或若干次集体研讨会。让历史亲历者和学习者一起,进行 2 ～ 3 小时的反思性对话,让参与者讨论"发生了什么""当时的情况是怎么样的",回顾当时的挑战、目标、事实,并对其进行反思、讨论,通过不同角度的深入探究,让大家进行系统的回顾,从中学到经验或教训。

从这种意义上看,学习史是一次或一系列集体对话与反思活动。只有通过这些深入的团队对话,学习史的价值才能活生生地凸显出来。

经营与战略复盘的关键成功要素

相对于其他几类复盘，战略复盘可能是最"难"做的一种复盘，因为它并没有固定的周期，也涉及企业经营管理的方方面面，参与人众多，问题也可能很棘手、复杂，引导起来难度很大。一般来说，它可能不是一两次会议（在很多情况下需要召开数次面对面的会议），也很难像事件 / 活动或项目 / 阶段复盘那样目标明确并聚焦。但毫无疑问，战略复盘对企业发展的意义是不言而喻的。

那么，如何进行战略复盘呢？依我的经验来看，可以参考以下做法。

一把手亲自主导

"定战略"是一把手的核心职责，为此战略复盘也应该由一把手亲自主导、推动。

在许多大型企业集团中，有些领导人往往把战略制定与调整的任务放到一个部门中（可能有许多不同的名称，如战略部、企划部、企业管理部、总裁办等），这其实是一个很大的误区。不管赋予那个部门多大的权力，它也无法取代一把手在企业发展方面所承担的战略职责。在我看来，自觉地带领高管团队在合适的时点、以合适的频次进行战略复盘，是一把手的基本职责，也是其领导力的重要体现。

与此同时，能否真正掌握并推动战略复盘，把复盘做出效果，往往决定了企业的生死存亡，不可小觑。

明确分工、形成机制

经营与战略复盘不仅仅是一两次会议，要求公司一把手和核心高管团队主导、全程参与以及深入研讨,涉及公司经营与管理的方方面面,也与后续的各项工作推进(如预算、资源协调、人力资源管理等)息息相关。因此,最好能明确各部门的分工与职责,形成机制、长期坚持。比如,在联想,公司层面上的年度/季度经营复盘与战略研讨,由企划办牵头,各个业务与职能部门都要参加,并具体执行复盘及后续的工作,如计划分解、实施,以及定期(季度或月度)进行经营复盘、动态调整等。这是公司运作的核心机制之一。其他公司也大致如此。

同时,在公司层面召开经营与战略复盘会议之前,最好让相关部门先完成自我复盘,这样可以做好准备,提高公司层面复盘会议的效率,也可以把握重点,深入探讨共性或重要的问题。

内外兼顾

虽然进行活动复盘时也需要考虑外部因素,但相对于活动复盘,经营与战略复盘更加不能忽视对行业、产业、客户、合作伙伴,以及竞争者、外部环境的洞察与共识,因为经营与战略决策需要建立在对这些因素的综合判断上。为此,经营与战略复盘会议不能简单地照搬团队复盘会议的议程,必须结合经营与战略复盘的主题,拿出专门的时间进行对市场洞察、竞争形势的分析研讨。

到位的引导尤为重要

不像一些简单的活动或事件那样,参与人较少、问题相对比较明确,复盘起来短平快,引导师也比较好驾驭;经营与战略活动涉及的因素众多,也是对企业运作一些根本问题的综合判断,错综复杂，不存在绝对的对与错，因而，经营与战略复盘对引导师的要求极高，不仅需要其具备丰富而熟练的复盘研讨技巧，能够应对各种尖锐或微妙的研讨局面，而且要有战略规划、经营分析、市场洞察等方面的经验，可以熟练地使用一些专业的研讨与分析工具或方法，如平衡记分卡、商业模式画布、SWOT 分析、PEST 分析、波特竞争五力模型、价值链分析、情景规划等。这些有助于提高复盘研讨的效率并改善其效果，否则，复盘研讨过程就可能非常零乱、破碎，甚至混乱不堪。因此，如果你想做经营或战略复盘，要么让公司内部有丰富业务管理经验（至少参与过经营分析与战略规划）、有一定职级、有熟练复盘引导经验的认证复盘引导师负责，要么就聘请外部复盘引导专家。

小企业 / 创业公司同样需要经营与战略复盘

许多人认为，战略是大企业才做的事，因此战略复盘也只有大型企业才需要。我认为这是完全错误的想法。初创期的公司和小企业同样需要战略复盘，并据此快速调整。按照联想之星的总结：对于初创科技企业来说，钱少、人少、资源少，要尽量"想清楚"，行业剧变多，更新换代快，这种情况下更需要持续不断地"校目标"，而"复盘"就是一个重要的工具和方法。[⊖]

"小企业或初创公司不需要战略"的看法错误之处在于混淆了战略的本质和形式。

⊖ 周自强，郭志强，柳传志口中的'复盘'：联想重要方法论 [J]. 中国企业家，2013(6). URL：http://edu.sina.com.cn/bschool/2013-06-18/1555384988.shtml。

那么,战略是什么呢?从本质上讲,战略就是关于公司发展的全局性、长期性、根本性的设计,涉及指导整个公司运作的一些核心问题。例如,选择进入哪些市场?目标客户是谁?他们有哪些"痛点"?他们有没有支付能力?公司为他们提供哪些产品和价值?相对于竞争对手而言,公司的独特价值是什么?如何交付这些价值?能否在确保客户满意的同时获得利润?等等。对于这些问题,我相信,无论哪家企业,都是必须要回答的。也就是说,任何企业都离不开战略。

2011年6月2日,柳传志先生在"联想之星创业大讲堂暨天府创业论坛"上曾讲到,对于创业者来说,创业的道路坎坎不平,走之前要尽量想清楚。他建议创业者们,要一边干,一边学,逐渐从"蒙着打"变为"想着打",再到"瞄着打",逐步学会制定战略,就可以把这些事想得更清楚。基于柳总提出的"管理三要素"(搭班子、定战略、带队伍),我认为,创业企业的领导者核心职责之一就是要学会"定战略",这关乎企业的生死存亡。就像柳总之前曾讲过的:没有战略,明天就吃不到饭;而战略不合理,也许今天就饿死。

只不过,在大型企业和中小企业中,战略的呈现形式存在很大差异。一些跨国公司,有非常明确、程序化的战略制定与回顾机制;而对于许多初创企业来说,战略可能就是一把手头脑中的一些模糊的想法,甚至是直觉而已。因此,战略复盘的形式与操作方法也差异很大。

虽然中小企业在做战略复盘时,不必有非常正式的会议安排,但一把手一定要和自己的领导班子成员以及骨干,及时、充分、坦诚地对公司近期的目标、达成目标的策略与方法,以及现在推进的状况，组织内外有没有新的显著变化，业务进展中有哪些困难，有没有更好的想法，是否要做一些调整等问题，进行探讨。这实际上也是战略复盘。

在当今复杂多变的商业世界中，人们常说"快鱼吃慢鱼"，因此，"快"成为许多公司领导者的策略，"快速迭代"也是当前流行的"互联网思维"中的一项重要内容。在我看来，"快"当然很重要，但"快"并不等于"乱"，如果因为追求"快"而内部运作"乱成一团"、各自为政，那就是"欲速则不达"了。那么，如何做到"快而不乱"呢？

睿智的做法是：依靠复盘。也就是说，先选准一个切入点，快速行动，然后无论对或错，都尽快地进行复盘，从"试错"中学习，并迅速调整。为此，快速地进行战略复盘，也是企业适应当今时代市场竞争挑战的重要制胜法宝。

回顾与练习

1. 请思考：经营复盘的意义或价值有哪些？

   A. 定期审视组织内外部变化　　　B. 创新商业模式、优化公司战略

   C. 发现"经营短板"　　　　　　　D. 制订年度计划与预算

2. 经营与战略复盘常见的形式有哪几种？

   A. 年度战略复盘与规划研讨会　　B. 季度经营复盘会议

   C. 组织学习史　　　　　　　　　D. 月度经营分析会

3. 如果你所在公司有召开月度或季度经营例会的机制，此类会议的主要内容是什么？与复盘相比，主要差异有哪些？应该如何改进？

4. 要想把经营复盘做到位，需要把握哪几个关键点？

   A. 高层领导重视并主导　　　　　B. 明确责任分工

   C. 内外兼顾　　　　　　　　　　D. 到位的引导尤为关键

5. 结合你的实际工作，请思考：可以对哪些进行经营复盘？如何操作？

扫描二维码，关注"CKO 学习型组织网"，回复"经营与战略复盘"，查看部分参考答案与解释。

持续应用："积"

"道虽迩，不行不至；事虽小，不为不成"。复盘看似简单，操作手法也不复杂，但要想真正做到位，并不容易。基于我对百余家企业实践辅导的经验，我总结了团队复盘的 25 个"坑"，同时也发现，需要参与者、引导师和组织三个方面具备 12 项要素，才能保证复盘的效果。

同时，复盘也不只是一次会议，需要从深度和广度两个方向，推动复盘"落地"，加深复盘的影响。

此外，需要系统地筹划，采取有效措施，来推广复盘，并使其成为组织的文化与机制，长期坚持，形成习惯，正如荀子所说："真积力久则入"，而且需要将复盘与其他组织学习方法相结合，搭建闭环的组织学习体系，提升组织学习敏捷度。

第7章

•CHAPTER 7•

做好复盘

美军在《AAR领导者指南》中指出：AAR实施最关键的是精神，即执行AAR时的环境与氛围。在其中，战士与领导者可以开放、诚实地讨论训练和作战任务的每一个细节，不仅确保每个人都理解发生了什么及其原因，而且更重要的是，有很强的渴望去寻找改进的机会。因此，复盘要想做到位并不容易，需要克服许多挑战，具备很多条件。

在本章中，我们从联想复盘的实践经验出发，阐述了复盘的25个"坑"及其对策，继而总结出有效复盘的3项核心技能以及3个方面、12项关键成功要素。

联想：复盘的五个误区与七个关键成功要素

要做好复盘，需要具备合适的条件，尤其是参与者的心态。联想在多年实践中发现，复盘的常见误区有五个，相应地，成功的关键因素也有五个（联想称之为"五求"）。基于我个人的观察和思考，我增加了两项，总计为七项关键成功要素。

复盘的常见误区

在复盘中，常见的误区包括以下五项。

1. 为了证明自己对

如上所述，复盘的目的在于让团队从行动中学习，但许多人并不这么看，他们做复盘的目的就是证明自己是对的或者没错。

在我看来，这其实是自欺欺人，完全不是一个适宜的学习态度。因为如果只是想证明自己对，那么在复盘过程中，就只顾着找对自己有利的材料，刻意强化它们而忽视其他材料。这就像我们戴上了有色眼镜，完全忘记了复盘的真正目的。

2. 流于形式，走过场

虽然复盘有固定的流程、步骤，联想集团甚至还整理了一个一页纸的模板，但做复盘绝不能照搬照抄或"套用"模板，也不能为了完成谁的任务而应付了事，走走过场。这样纯属浪费大家的时间和感情。

事实上，如果不能理解并认同复盘的价值、不把复盘当真的话，就没有人会真正在乎复盘。那样的话，复盘也将沦为走过场。

3. 追究责任，开批斗会

和美军 AAR 一样，很多领导在复盘时也容易"挑毛病"，追究责任，对犯错误的人进行批评。如上所述，一旦批评，则很容易破坏复盘所需的学习氛围。

4. 推卸责任，归罪于外

与挑错、批评相对应，人们很容易推卸责任，找出各种借口和理由，为自己辩护，试图证明自己是对的，至少没有过错。这样将更加破坏学习的氛围，甚至加剧团队内部的不信任、矛盾与冲突。

5. 快速下结论

在复盘过程中，需要找出实际与目标产出差异的根本原因，挖掘出经验教训，这需要审慎地分析，但许多人很容易快速地下结论。例如，很可能只是看到了问题的表象或症状，没有找到真正的问题；很可能只是发现了表面的原因，没有抓住真正的深层次原因；很可能只是总结出了一次偶然性的因果关系，却误以为发现了规律。

复盘的关键成功要素

按照联想的实践经验，要想有效地进行复盘，防范上述常见误区，需要具备以下七个关键要素。

1. 开放心态

在我看来，学习是一扇只能由内向外开启的心门。也就是说，要想能够学习，必须有开放的心态，接受各方面的信息，不管是符合自己预期的，还是让自己感到意外的信息。事实上，和自己不同的见解，才是学习的源泉。因为复盘的本质是学习，所以有效的复盘离不开开放的心态。

2. 坦诚表达

复盘通常是以团队形式进行的，需要集中大家的智慧，而这必须建立在团队成员相互信任、坦诚表达的基础上。

在联想，企业文化的核心价值观之一是"企业利益第一"，而且禁止从工作中谋取个人私利，这是一则禁止触碰的"天条"。从这个基点出发，大家就具有了共同的目标，不考虑局部或个人利益冲突，因而可以畅所欲言。同时，联想倡导"有话直说，有话好好说"，这样可以做到更好的团队氛围。但是，在许多企业中，要想真正做到这一点并不容易。

3. 实事求是

毋庸置疑，实事求是是从实践中学习和改进的基础。离开了这一点，根本谈不上学习。就像美军，不仅在规则中申明需要忠实于事实，而且在可能的情况下，使用一些仪器设备力求还原"铁的事实"。

同样，联想在复盘时也要求实事求是，强调"对事不对人"和坦诚表达。这是做好复盘的基本条件。

4. 集思广益

虽然复盘也是一种行之有效的自我学习方法，但它更大的价值体现在团队学习与组织智慧上。因此，要像柳传志先生那样，一把手以身作则，带领团队进行复盘，并使其成为组织成员的一种工作习惯。同时，在复盘过程中，也要广开言路，让大家都能把自己的发现与观点贡献出来，彼此分享，促进相互学习、激发创新，并有助于形成集体的智慧。

5. 反思自我

分析成功或失败的原因，既要考虑客观因素，也不能忽略主观因素。尤其是对待失败，一把手要带头从自我反思做起，多挖主观原因，不要一味"归罪于外"。按照联想之星的说法：分析成功因素时，多列举客观因素，精选真正的自身优势去推广；分析失败原因时，多从自身深挖原因，狠挑不足补短板，包括要谨慎检视当初的目的、目标设定是否科学准确，实现目标的策略是否得当等。特别是对目的和目标的反思很重要，因为如果目的和目标明显有误的话，执行过程即使完美无瑕，也于事无补。

在此，我特别要指出的是，一把手尤其要注意并践行这一点，因为我们经常说"上行下效"，领导者的行为在组织中具有重要的示范作用。正如柳传志先生所说：复盘的关键地方是一把手敢于否定自己；一把手要实事求是，把事实很客观地摆出来，不要怕担责，要敢于"脱了裤子割尾巴"，否则容易回避真正的问题，复盘就没有意义。

6. 刨根问底

为了应对"流于形式"或"快速下结论"的误区，无论是分析原因还是总结经验教训，都要"刨根问底"，找到本质和规律。按照联想的总结：在复盘时，总结经验（规律）要尽可能退得远，寻求更广泛的指导性，尽量不局限于就事论事；同时，总结经验要谨慎，总结规律更要小心，避免"刻舟求剑"，把一时一地的认识当成规律。

在这方面，柳传志先生曾举过一个自己的小例子：柳传志先生中学时喜欢打乒乓球，但老是赢不了一个人，后来碰上一次比赛，认真做了准备，仔细研究了那人的打法，制定了一套战术，果然打赢了；自己事后总结时认为是新战术起了作用，后来才知道当时那场比赛，那个人忘记带球拍，用的是自己不顺手的拍子。所以，柳传志先生建议大家要慎提"规律"，不要轻易得出结论。

7. 重在改进

复盘的目的不是证明自己对，也不是找出一时一事的责任归属，而是从行动中学习到经验教训，并实现后续行动的改善。

要实现这一目的，就要找出哪些是值得学习与改进的地方，制定切实可行的改进措施，扬长避短，革故鼎新。所以，在联想，复盘被作为一种工作方法和一种文化、习惯，受到各级管理者的重视与采纳。

复盘的 25 个"坑"及对策建议

除了在联想实践复盘中面临的那几个挑战，在操作复盘时，你可能还会面临更多的挑战或误区。只有克服这些误区，才能真正把复盘做到位。

概括而言，在复盘过程中共有 25 个挑战或陷阱，我将其称为 25 个"坑"，应小心防范或应对。

回顾、评估阶段

制定明确、科学合理的目标是能力的基本体现，也是评估的基准。因此，回顾目标是复盘的起点。以此为基准，要回顾过程与结果，找出亮点与不足。这是复盘的第一步。

虽然这一步看似简单，但实践表明，常见的误区并不少。

1. 没有目标或目标不清

尽管我们都知道"凡事预则立，不预则废"的道理，知道在做事之前应该明确目标，但真实情况却是：许多人已经开始行动了，甚至行动都结束了，却发现自己并没有目标。

按照复盘的学习机理，如果没有预期目标和计划，就谈不上复盘。因为没有目标，就无所谓做得好与坏，也就没有差异，没有从中学习的意义。因此，事先制定清晰、明确的预期目标与计划，对于复盘是至关重要的。

如果你是复盘的发起人、组织者或引导师，在进行复盘之前了解到项目／事件没有目标，我建议应尽快"亡羊补牢"，通过访谈项目负责人或组织项目团队研讨，补充、确认项目／事件目标，并在复盘会议开始阶段声明这一点，提醒大家特别留意，或进行必要的研讨，让大家明确应该考虑哪些因素、制定什么样的目标。事实上，这本身就是一个重要的学习点，是下次改进的重要教训与行动计划之一。

在现实世界中，另外一个常见现象是：许多人的目标定得比较笼统、模糊，如"带好团队""完成销售任务"，这样将很难精准地评价实际结果，也会影响到后续的差异分析以及经验教训，不利于充分从复盘中学习。为此，我们建议在行动前要将目标尽可能明确、细化。

在军队中，目标通常被定义得非常精确。它们包括三个元素："关键的任务、执行任务时需要的条件，以及可接受的成功标准"（例如，在夜间，距离2000码⊖的范围内，击中以每小时20英里的速度在不平坦的地面上前进的坦克的准确率不低于80%）。如此清晰、准确的目标，使得判别一项工作是否成功完成很容易，也有助于避免回顾时的困惑和莫衷一是。

在实践中，要分清目的与目标的不同。虽然二者存在很多的关

⊖　1码＝0.9144米。

联，有时也难以完全界定，但概括而言，目的是做某件事情要达到的功效（价值）；目标是目的实现之后要达到的景象，是衡量目的是否达到的指标。清晰而科学的目标能更好地被分解和执行，保障目的的实现。

在企业管理领域，对于目标的制定，通常认为要符合 SMART 原则，即满足以下五方面的要求：

- 明确具体（specific）；
- 可衡量（measurable）；
- 有挑战但可实现（achievable）；
- 相关、可控（related）；
- 有时限（time）。

如果无法列出量化的目标，也要尽可能细致地进行分解，或制定出一些关键里程碑（milestone）或标志性事件。

2. 目标缺乏共识

回顾目标时，另外一个常见的问题是团队成员对目标缺乏共识，彼此对目标的理解不一致。这样会影响到大家在执行中的相互配合，也会导致对同一件事、同一个行动的理解、评价不一致，从而发生分歧、矛盾或冲突。这通常是事先未充分沟通或目标不清所致。

为此，我建议，事前应组织团队成员对目标、策略打法与计划等进行充分的讨论，确保团队成员对任务的目的和成功的标准理解一致，否则就失去了一起评价业绩和甄别计划与结果之间差异的基础。同时，应将目标与计划明确地展示出来，即将目标和计划清晰、明确地写下来或张贴出来，让每一个参加行动的人都能够看到。

需要指出的是,对目标和计划的共识,是集体评估与反思的基础之一,也是《孙子兵法》上所说的"上下同欲者胜"。如果在复盘中发现大家对目标缺乏共识,要么终止复盘,要么组织必要的研讨,让大家能够从中学到重要的教训。

3. 缺乏对目标的分解以及实现目标策略、步骤的规划

虽然一些团队在行动前拟定了目标,但是往往没有认真地规划如何实现这些目标。也就是说,缺乏对实现目标的策略、方法以及行动措施的规划。在这种情况下,匆匆地开始行动,即使团队成员对目标的理解一致,也可能因为团队中每个人对如何实现目标有自己的理解,从而在行动过程中出现分歧,难以产生合力。

我们在复盘实践中发现,若行动前有清晰的规划,有助于理清复盘主线,也更容易找到失败和成功的根本原因。否则,大家会提出很多不可验证、甚至有其他副作用的"马后炮",也没办法以计划为准绳来衡量实际执行过程中的不足。

当然,通过复盘,可以让团队成员明白:在行动前,需要就目标达成共识,并对实现目标的策略、行动计划进行群策群力,制订明确、可执行的计划。这样有助于提高团队效能。

4. 报喜不报忧

很多人参与复盘时,因为种种原因,害怕暴露自己的不足,只说成绩,不谈缺点。这样实际上失去了学习、改进、提升的意义。

造成这种现象的原因是多方面的,包括但不限于:①对复盘的结果是否牵涉到自身利益,心存疑虑;②如果坦陈自己的不足或失误,可能会很没面子,或者影响到自身权威;③自我感觉良好。

因此,解决方案也需要"对症下药"。简单来说,就是要明确复

盘的目的在于学习，让大家树立开放的心态，坦诚表达；尤其是领导人要以身作则，主动地反思自我，不遮掩，不护短，为大家树立榜样。

5. 报流水账，或纠缠于细节

在实际进行复盘时，尤其是按部门或职能条线回顾工作过程时，很多人分不清轻重，容易变成"报流水账"，或者引发一些不必要的讨论，纠缠于具体事务或技术细节的争论。如果这样的话，一是让复盘会议变得冗长、拖沓，二是也可能没有抓住重点，无法产生有价值的学习。

那么，应该如何应对这一误区呢？

首先，复盘引导师要根据复盘的目的、主题，来设计复盘会议的议程，考虑是需要回顾过程，还是直接以结果为导向，对照预期目标，来评估、找出亮点与不足（参见第 4 章"复盘的两大'流派'"）。如果无须回顾过程，可能就会跳过这一环节，在很大程度上规避这一现象。

但是，如果确实有必要回顾过程，复盘引导师要么让大家提前准备、事先同步信息，要么在会议开场或本阶段开始时，提前申明复盘的目的与规则，提醒大家聚焦目标、简明扼要，提高复盘会议的效率。

其次，如果在会议中，仍有发言人或参与者长篇大论、事无巨细，复盘引导师应善意地提醒其发言时把握重点，或者使用诸如说话棒（参见附录 B）等辅助工具，确保大家的参与。对于其中确实有必要展开的地方，应向参与者介绍复盘的逻辑或议程，并在征得参与者同意的情况下，回顾过程或将其记录下来，在后续阶段（如分析根本原因）进行深入讨论。

6.盲人摸象或罗生门

在现实工作中，一些项目或事件非常复杂，需要很多人的配合。这样，每个人站在自己的层次、视角，只看到一些局部或碎片，很难看到全貌，从而产生类似"盲人摸象"的状况。

对策是：确保所有主要利益相关者都到场，充分沟通，并使用诸如"思考的罗盘™""因果回路图"等系统思考工具（参见附录B），让大家看到全貌，看到完整的动态，看到驱动这些变化背后的关键因素。

如果说"盲人摸象"说的是看不到整体、全貌，"罗生门"则指的是因为每个人的价值观、诉求、经验等存在差异，大家对同一件事有不同的理解，无法达成共识，甚至发生矛盾或冲突。这也是在复盘评估结果环节经常会遇到的一个问题。

相应的对策是：需要参与各方深入坦诚地沟通，必要时可借助人证、物证或其他辅助工具来进行"实景重现"。同时，要鼓励换位思考，跳出本位，多站在其他人的角度和立场上思考问题。

不仅是这一挑战，还有诸如纠缠于细节、流于表面、一团乱麻、局限思考以及归罪于外等误区，其背后的根本原因之一就是缺乏系统思考的技能。实践表明，系统思考是有效复盘必备的核心技能之一。

7.跳跃

由于复盘的内在逻辑是自然、流畅的，加上许多人可能已经飞快地在脑海中"过"了一遍，因此，在实际复盘过程中，许多人在这一阶段之后就会"跳"到了经验教训（甚至是行动计划）阶段，认为自己已经学到了一些东西，或者"悔不当初"，觉得应该怎么做或不该怎么做。我把这种现象称为"跳跃"。

虽然我不否认有些人凭借本能、直觉或经验，经过脑海中一"过"，可能也会得出一些有价值的东西，但是，在很多情况下，这往往也是经不起推敲的。如果不经过一个系统化、结构化的思维过程，我们就很难保证得出的东西是不是真正重要的，甚至连正确性、全面性也无从考证。尤其是在团队复盘的场合，每个人都在自己的脑子里"过"一遍，很难实现团队的学习。因此，复盘是一个结构化的团队研讨过程，需要按照特定的步骤、逻辑或结构进行。

作为复盘引导师，你需要"胸有成竹"，对复盘的过程了如指掌，并按部就班地引导团队进行复盘研讨。如果遇到了团队成员"跳跃"的状况，则应该向团队说明复盘的流程，让团队讨论回到正确的轨道上来。

分析、反思阶段

分析原因是复盘最主要的环节之一，也会直接影响到我们能从复盘中学到什么、学到多少。这一步出现的问题也很多。

概括而言，这一阶段主要误区有以下六个方面。

1. 浮于表面

在企业中，很多问题背后都有一系列复杂的成因。但是，很多人在复盘时，只是浮于表面，"蜻蜓点水"，没有进行深入挖掘。这样的话，找不到真正的根本原因，你今天可以得出这样的结论，明天又会得出那样的结论。经营企业太复杂了，我们经常会见到"按下葫芦浮起瓢"的状况，或者造成以前复盘中发现的问题重复出现的窘境。

对策: 运用"五个为什么"或"思考的罗盘™""因果回路图"等系统思考工具 (参见附录 B), 找到关键影响因素及其关联关系; 同时, 使用"what…if…"工具, 推演各种可能性, 确保思考与分析全面而深入。

2. 一团乱麻

很多问题的成因很复杂, 受多方面因素影响, 而且彼此之间会相互干扰。如果没有有效的应对复杂性挑战的框架, 分析原因时就会一团乱麻、莫衷一是。这样也会影响复盘的学习效果。

要想应对这一挑战, 除了常用的"鱼骨图"等因果分析工具, 还可以运用结构化思考的原则与方法, 通过"团队列名法"(参见附录 B), 缕清头绪。

3. 本位主义, 局限思考

虽然我们都认为要有大局观, 但许多人在分析问题时, 仍不由自主地基于自己的本位进行思考, "见树不见林"。即使真的想"看到全局", 很多人也缺乏相应的方法与工具。就像柳传志所说: 大局观, 既是一种格局, 也是一种能力。

出现这种误区的原因也是多方面的, 既可能与主观意愿有关, 也可能是能力的问题。为此, 首先, 要让复盘参与者达成共识, 愿意站在全局来看问题, 优先考虑总体利益; 其次, 以开放的心态, 并实事求是, 坦诚表达; 再次, 复盘引导师需要具备系统思考的智慧与能力, 为复盘参与者提供凝聚集体智慧所需的研讨工具与引导。

4. 归罪于外, 相互指责

在一些复盘中, 许多人将原因归咎于外部因素, 对自己的责任避而不谈或想办法推脱。这样就失去了客观、公正性, 也是封闭、防卫性心态，与复盘的学习精神背道而驰。

对此，建议的对策是：领导人以身作则，多反思自我的不足，作为表率，影响他人。同时，应坚持客观、审慎的态度：成功了，多想想客观因素；失败了，多找找主观原因。此外，要明确责任，但不能把复盘会开成"批斗会"，要以学习为导向，坚持"对事不对人"，以坦诚、开放的心态，实事求是地寻找根本原因。

5. 面面俱到，拖沓冗长

有时候，在做复盘时，暴露出的问题很多，领导就揪住每一个问题，什么都要进行分析。最终，导致团队复盘会议非常冗长，让大家感觉很沉重，甚至痛苦；同时，也让会议很复杂，难以驾驭。这样其实不利于复盘的实施和推广。

对此，建议的解决方案是：抓住主要矛盾，就核心问题、关键挑战深入分析。宁肯贪大求全，不如在一点上谈透，真正产生效果。

6. 只盯着失败或不足

在很多企业复盘的过程中，很多领导的口头禅是"好的咱们就不说了，重点来谈谈不好的"。这样，人们很容易快速发现并聚焦于失败、错误或不足之处，然后就失败的原因进行剖析，从而让复盘会演变成"批斗会"。

对于这种做法，我认为潜在危害是很大的。

第一，无论是成功，还是失败，都是宝贵的学习机会。因此，对成功的剖析和对不足的分析同样重要。如果只盯着失败或不足，那就失去了那一半难得的学习机会。

在我看来，复盘的核心价值包括两方面：巩固成功与改正错误。二者都是很宝贵的，不可偏废。尤其是前者，虽然结果是成功了，但深入探究成功的关键要素,"知其然,知其所以然",明白为什么会成功、哪些关键行为起了作用、这些行为有没有适用条件(也就是说,在何种条件下采取这些行为才是可行的),对于提高后续行动的成功率才是有价值的。

第二,如果每次复盘会都只探讨失败或不足,有可能让大家感觉气馁、受挫或产生畏难心理,不利于敞开心扉,影响到复盘的效果以及后续的推广。

此外,按照联想、万达、华为等企业的实践,只有在复盘时坚持谦虚的态度,实事求是,客观地分析和评价,不夸大或高估自己,找到真正的原因,才能有效地从行动中学习,否则就是自己骗自己。

因此,建议的做法是:以客观的精神,关注最有价值的学习点;既要关注成功,分析成功,也要找出不足,分析不足。

萃取、提炼阶段

不同于一般的分析问题、解决问题,要想通过复盘产生学习,就需要提炼、萃取出能够适用于未来行动的"经验或教训"。所谓经验,指的是面对类似任务、问题或挑战,可行的做法或对策,而教训就是特定场景中,无效的做法或对策。

在这一阶段,包括以下四项常见误区。

1. 就事论事,未能举一反三

许多人在复盘时,找到了亮点与不足,也进行了有效的分析,但他们只是停留于这一步,就事论事,忙于布置后续的具体工作,并没有举一反三、触类旁通,思考在类似情况下应该或不应该怎么做。虽然这样也能够解决当时当事的问题,但其实丢掉了学习的目的，错失了学习的机会。

在这方面，建议复盘引导师按顺序来引导团队讨论，不要"跳跃"，在分析了差异的根本原因或关键的成功要素之后，可以通过提问，促进参与者进一步思考：如果我们从这件事情上抽离出来，看看我们能从中学到什么？在面临某种挑战时，哪些是有效的做法？哪些是无效或有待改进的做法？

2. 过于抽象、空洞

与就事论事相反，当复盘参与者被引导思考或讨论"能从中学习到什么"时，他们又容易过于抽象，总结出一些高度概括的原则或心得，比如说："项目成功的关键在于准确把握客户需求""这事必须是一把手工程"……这些结论可能并不错，但却是空洞的，相关的一些内容或"干货"被不经意间忽略了。如果这样的话，这些经验或教训只是存在于个人的头脑中，未被清晰地识别、梳理出来，可能模糊不清，容易被遗忘，而且难以被传播、共享。

为此，建议复盘引导师在参与者总结出了一些"收获"（经验或教训）之后，引导参与者将其"具象化"，也就是补充这一收获适用的场景、要达到的目的、具体可行的措施（做什么、怎么做）以及相关注意事项（做到什么程度，关键要素或风险点是什么）等。对此，我原创的模板"经验萃取单"和"教训记录单"被实践证明是行之有效的辅助工具。

3. 不切实际，超出可控范围

在总结经验教训环节，一些人也会把"矛头"指向上级，指向外部，提出一些不切实际的期望，例如"下次，要是谁能如何如何就好了"。实际上，这也是一种受害者心态在作祟。这也许没错，但寄希望于自己不可控的因素，并不利于自身能力的提升。

为此，建议复盘参与者关注自己控制范围内的事情，想一想：在现有条件限制下，我们如何能够做得更好？同时，如果确有在组织层面改善的需要，可以将其作为一项行动计划，指定专人负责整理提交《管理改进建议书》(模板参见附录 B)。

4. 过快得出结论

如第 1 章所述，复盘主要是针对具体事件的讨论，虽然我们不排除可以经由复盘提炼出一般性规律的可能性，但经由复盘得出的结论也可能具有局限性或偶然性。也就是说，只是在当前的情况下，由这个团队执行这项任务时发生了这样的状况，即便你进行了深入的分析，也只是搞清楚了当前这种状况下事件的原因与来龙去脉，并不必然可以应用到未来的情境中。因此，不能刻舟求剑，把一时一地的认识当成规律。所以，对于复盘的结论，要有审慎、警惕的心态。

需要注意的是，在进行复盘时，人们容易犯的一个倾向是轻易总结出"规律"，只是总结出了一次偶然性的因果关系，却误以为发现了规律。

那么，如何判断复盘的结论是否可靠呢？一般来说，可以通过以下四条原则来评判。

- 复盘的结论是否排除了偶发性因素？换句话说，我们所经历的这些事件、分析得到的原因是否具有普遍性？能否适用于大多数情况？还是仅仅是个例，或有一定偶然性？

- 复盘结论是否涉及了一些关键要素及其相互关系（或内在关联、作用机理），还只是一些零散的观点？这些要素是否具体、明确，他人是否可以准确地理解并执行？
- 复盘结论的得出，是否经过几次的连续追问"为什么"，涉及了一些根本性的问题，还是仅停留于具体事件/操作层面上？
- 是否有类似事件的复盘结果，可以进行交叉验证？

转化、应用阶段

如第2章所述，如果没有转化、应用环节，只是总结、提炼出了一些所谓的"经验教训"，并不算是真正的学习。要将学到的经验教训转化为后续的行动，不仅要看当前的哪些工作可以应用这些经验教训，而且要考虑到未来更大范围内的改进措施。只有这样，付诸行动，学习才算是真正发生了。这就决定了复盘并非一次会议或事件，而是一个持续的过程。

在本阶段，主要误区包括以下三项。

1. 虎头蛇尾，忽视转化

在实际应用时，很多复盘会议到了总结出经验教训就结束了，没有讨论或考虑后续的行动。这样就会让复盘的功效大打折扣。从某种程度上讲，如果没有后续的行动，之前所有的工作、花费的时间都被浪费了。

为此，建议的解决方案包括：制订清晰的后续计划，包括开始做什么，继续做什么，停止做什么；同时，区分轻重缓急，明确资源匹配与人员分工，把后续改进计划切实落实到位。

2. 不愿担责

在实际引导复盘的过程中,到了制订后续行动计划环节,需要明确责任人和时间表,此时,经常出现相互推脱、不愿担责的现象。这固然和大家日常工作繁忙有一定关系,但是,如果不是发自内心地认识到后续改进行动的重要性,即使当场勉强应允,后续推进的决心与效果可能也差强人意。

在我看来,复盘并不是独立于工作以外的"另外一项任务",它本身就是我们工作的一部分,无论是发展能力、培养团队、共享知识、创新改进,都是各级管理者不可推脱的基本职责。

为此,要向大家说明复盘的目的、后续行动的重要性以及与我们每个人的关系,让大家主动、踊跃担责。同时,也要征得领导的同意,在时间、人力、资金资源以及权利等方面,给予牵头人相应的支持。

3. 缺乏后续行动

在本阶段另外一个常见误区是,即便是制订了行动计划,也明确了责任人与时间表,在复盘会议之后,大家各自去忙其他事务,复盘就无人跟进,后续计划也成了一纸空文。

对此,我建议采取下列应对措施:一是,明确复盘引导师,并使其切实履责到位,按照团队复盘引导的"三阶九步法™",不仅重视会前的策划与准备、会议过程中的引导,也不忽视后续的推进;二是,引起领导的重视,将复盘及其后续的行动计划列入工作任务与考核之内。

复盘引导

除了上述 20 个误区之外,在整个复盘的设计、组织与实施、跟进过程中，也有常见的五个误区，会影响复盘的效果。

1. 设计不当

有效的复盘需要精心的筹划与设计，包括：复盘的主题（对什么进行复盘？）；目的与目标（通过复盘，希望达到什么目的？有哪些产出成果？）；涉及的范围（涉及哪些工作、哪些人？需要哪些人参加？）；会议的形式（复盘会议以什么样的形式进行？），等等。如果缺乏设计，就可能影响到复盘会议的效果。但是，基于我的观察，许多人既没有这方面的意识，也缺乏相应的方法。

对此，我建议大家参照本书所剖析之美军、联想、英国石油公司等最佳实践经验，结合本公司的实际情况，梳理出一些常见复盘的模板与策划方案，供大家在策划团队复盘会议时参考。

2. 准备不足

我曾见过一些企业的复盘会议，会议刚开始没多久，就发现没有通知一些重要的利益相关者，临时去打电话叫人；在评估结果时，发现根本没有相应的数据或信息，只能"囫囵吞枣"或"跟着感觉走"；会议过程中，两个部门的人就一个问题发生了争议，"公说公有理，婆说婆有理"，谁也说不清当时的事实，也没有相关的资料进行佐证，只能不了了之，成了一笔"糊涂账"……出现上述问题的关键原因，在于复盘会议缺乏策划、准备不足。

对此，建议在完成复盘会议策划之后，要通知相关人员进行三个方面的准备：一是资料，包括与复盘主题目标、过程与结果等相关的信息与资料；二是人员，按照职责分工，可能需要个人或小组提前进行复盘或做相应的准备，以便提高团队复盘会议的效率；三是会务，包括团队研讨必需的一些设备、设施等。

3. 参与度不够

团队复盘是一个通过集体研讨、凝聚并激发集体智慧的过程，为此，让大家充分参与其中至关重要。但是，在实际复盘过程中，你经常会遇到"参与度不够"的种种现象，包括：有的人"话太多"，喋喋不休，基本上就是那两三个人在唱戏，其他人都是"群众演员"；有的人心不在焉，时不时地进进出出……我相信，如果出现了这些问题，复盘的效果肯定会大打折扣，甚至沦为走过场。

在我看来，对复盘研讨过程的引导至关重要。一个合格的复盘引导师如同"催化剂"一样，有助于促进团队研讨过程发生"化学反应"（关于复盘引导师的角色、职责，请参见第 4 章）。

4. 引导缺位

复盘引导师是一个新的角色，除了需要具备基本的团队引导技能与经验之外，还要理解复盘的精髓，掌握复盘引导的具体技能，并有效处理复盘研讨过程中遇到的典型问题，其中涉及许多新的方法和工具（包括部分是我原创的方法与工具）。如果缺乏有效引导，复盘研讨过程既缺乏效率，又无法保证效果。

相应的建议是：在企业内部培养一批合格的复盘引导师，对于提高团队复盘效果乃至推广复盘，都具有重要意义。如果没有相应的条件，建议对于重要的复盘，比如大型项目的复盘、战略复盘或关键业务复盘等，聘请外部经过认证的复盘引导师。

扫描二维码，关注"CKO 学习型组织网"，回复"复盘引导"，了解复盘引导师培训详情。

5. 缺乏跟进

"推进到位"是我提出的团队复盘引导的"三阶九步法™"中不可或缺的一环。但是,在实际应用时,因为种种原因,很多复盘活动根本没有后续的行动与跟进。事实上,即使在复盘会议上制订了行动计划,如果缺乏专人跟进,或者缺乏相应的激励与机制保障,人们也会因为各种各样的原因而没有行动。

对此,建议严格按照复盘引导"三阶九步法™"进行操作;各级领导也要真正重视复盘,将复盘中拟定的行动计划作为分内的工作,给予支持。

有效复盘的三项核心技能

综上所述,为了防范复盘过程中的诸多挑战,需要具备以下三项核心能力。

复盘引导

如上所述,专业而到位的复盘引导是团队复盘成败的关键。合格的复盘引导师需要具备以下技能:

- 理解复盘的精髓、原理、应用范围;
- 能策划、设计团队复盘会议;
- 掌握复盘的步骤、流程、引导方法,以及常用工具,有效引导团队复盘研讨;
- 具备基本或丰富的行业或业务经验,能够通过有效提问,激发团队成员思考与研讨；

- 具备丰富的团队研讨引导经验与必备技能，能够有效应对复盘中可能遇到的各种"误区"，把每一步做到位，真正让大家有收获；

- 具备相应的资源，推动复盘行动计划的落地；

- 尽快扩大复盘结果的影响；

- 评估复盘效果，确定后续措施。

由此可见，复盘引导师除了遵循我提出的复盘引导的"三阶九步法™"，还需要具备许多专业的技能、方法与工具，以及复盘引导的实务经验与"内功心法"。

系统思考

对于很多复杂事件、大型项目或经营与战略复盘而言，除了把复盘引导做到位，还需要掌握系统思考的技能。只有这样，才能更好地应对复杂性的挑战。

打破"罗生门"，不做"盲人摸象"

虽然"还原事实"听起来并不难，但在真实情况下，尤其是一些复杂的事件，远非想象中的那么简单。正如电影《罗生门》所讲，对于同一个事件，每个人站的角度不同，观察到的信息并不相同，因而也可能得出不同的结论，众说纷纭。

在这方面，《孔子家书》中记载了一个小故事，形象生动又耐人寻味：

孔子曾困于陈国、蔡国之间，一行人七天没饭吃，子贡想办法得米一石，颜回、仲由负责在破屋之中做饭。其间，有灰尘坠入饭中，颜回不忍心将其丢弃，于是"取而食之"。恰好此时子贡从屋外路过，目睹了这一幕，很不高兴，以为他偷吃，而且很疑惑，颜回一直以"贤"出名，怎会做出此等事情？于是，子贡就去问孔子，孔子相信颜回，认为一定另有原因。在有技巧地询问颜回之后，真相大白，大家也懂得了不能"道听途说"的道理，甚至自己"亲眼所见"的也可能只是"惊鸿一瞥"，不是事件的全貌。

真实世界远比上述故事复杂得多。事实可能是含糊的，尤其是在高度紧张、复杂多变的状况下，人们看到的事实残缺不全，记忆也断断续续，容易各执一词，真伪难辨。就像古老的《伊索寓言》中记载的"盲人摸象"故事一样，每个人可能只是看到了完整事实的一部分，而自认为看到了全部。在美军看来，有效的活动复盘必须建立在"铁的事实"的基础上。如果现实难以陈述清楚，并取得一致，就会使复盘进展缓慢或无法深入下去。

那么，如何克服这些问题呢？

在美军国家培训中心，有三种不同的办法来尽量客观地采集信息，并汇总得出相对全面、真实的事实。

1. 指派观察者／控制人

观察者／控制人是一些熟练的、经验丰富的士官／士兵，在整个训练演习过程中一直跟随着指挥官，进行观察和记录。他们也提供现场指导，并带领团队开展 AAR。

正是基于这些现场经验，他们中的一些人后来会被派往"经验学习中心"（CALL）工作，从事经验总结。一般说来，在一次有三四千人参加的演习中，需要派出的观察者／控制人大约为 600 名。

同时，按照美军 AAR 规范，在 AAR 计划和准备期间，也要对观察者 / 控制人进行培训，确保他们了解最新的技术、条令、战术、程序要求。

为了提高可信度和提供帮助，他们在部队服役的时间和军衔都要略高于他们正在观察的指挥官，而且由于他们完全了解作战计划，非常熟悉地形，并且参与军事行动的全过程，因此，当大家就事实发生分歧时，他们能够有效地做出裁决。

2. 使用测量仪器和录音录像等技术手段

这样可以为信息的客观性提供额外保证，对结果的记录非常详细，几乎不容争辩。在车上安装了微处理器，可以记录下车辆的确切位置，以及移动路线；而利用复杂的激光技术，则可以记录下武器在何时向何处开火，以及命中与否。

同时，在训练中心的所有关键位置上，都装有摄影机，可以记录下军队的移动。这些录像原原本本地记录下了当时的实况，为 AAR 提供了活生生的、无可争辩的证词。正如一个军官描述的那样："如果说一幅图片抵得上 1000 句话的话，那么，一盘录像带肯定抵得上 100 万句话。"

另外，他们还用录音磁带记录下各单位内部以及不同单位之间的通话时间和内容。

3. 集体研讨

尽管使用这些工具和方式可以保证相当精确地重现当时的事实，但在实际作战中，仍然会面临很多困难。最常见的困难是，缺乏足够的观察者 / 控制人以及记录技术。

虽然有时候，CALL 小组成员和战地摄影记者会到达现场，为

AAR 提供客观的数据，但在大多数场合下，准确地重现事实仍然需要利用集体的智慧。对此，美军的解决对策如下。

第一，马上开始回顾。为了让记忆的损失减少到最小程度，事件一结束，AAR 就必须马上开始，最好在当天进行。

第二，保证广泛的参与性，汇集多方面的观点，并遵从"大多数原则"。应该尽可能地包括所有的关键参与者、中立的第三方观察员，以及全体工作人员和支持单位的成员，甚至是更高级别的指挥官。

第三，坦诚而深入地研讨。如果团队研讨（也就是彼得·圣吉在《第五项修炼》中所提及的"深度汇谈"）质量高，通过系统思考，参加者应该能够"看见整体""看到变化的动态，而不是一幅幅静止的画面"。但是，这需要每个人都信任这个团队，视彼此为伙伴，同时以开放的心态，把自己的所见所得、所思所想和盘托出，并深入探询他人主张背后的想法。就一些争议或分歧，也能有效解决。虽有可能，但并不容易。

第四，必要的时候，可借助作战地图、地形沙盘等辅助工具，对事实经过进行复原，并做一些推演。

在大多数企业中，很难像美军那样训练许多观察者／控制人，对训练场所配备大量的仪器设备（在有些企业专门设立的部分培训设施中可以做到），主要依靠团队研讨这种方法。因此，具备系统思考的智慧至关重要。

整个团队若具备系统思考的智慧，可以使用系统思考的方法与工具进行集体交流、研讨，就可以激发集体的智慧，而不是陷入系统的复杂细节之中，难以自拔。

分析、反思:系统思考大有益处

在复盘中,需要对复杂问题背后的原因进行系统分析,从而找到"杠杆解"和"根本解"。对此,系统思考是一种行之有效的方法。

在我看来,系统思考是从全局而不是局部,对构成系统的关键要素及其相互关系、变化的动态与趋势等进行分析,从而找到系统内在的规律,更好地理解系统行为,顺势而为。管理学大师彼得·圣吉将"系统思考"称为建设学习型组织的"第五项修炼",是应对复杂性挑战、制定睿智决策的有效方法。

欲了解系统思考的详细操作方法,请参考我的专著《如何系统思考》[⊖]。

知识萃取

除了复盘引导和系统思考,另外一项核心技能是知识萃取。尤其是在第四阶段,如果没有专业的知识萃取引导经验,即便进行了到位的分析、反思,也难以萃取、提炼出有效的知识。

需要指出的是,近年来,"知识萃取"或"经验萃取"成了学习与发展领域的热门话题。虽然名称相同或相近,但我认为,通常的"知识萃取"或"经验萃取"与本书中所称的通过复盘来提炼、萃取经验与教训的做法,在实施路径上存在重大差异。前者通常是学习与发展人员,通过现场观察、专家访谈、撰写与整理典型案例,以及专家研讨等方式,试图整理出一些操作规范、典型打法或对策,并且进一步开发成课程或操作手册等知识产品。这种路径一般是以学习与发展人员或内训师为主导的,需要相关人员掌握访谈、观察、

⊖ 本书已于 2018 年 3 月由机械工业出版社出版。

引导、案例与课程开发等一系列专业技能，还需要了解业务，有很强的总结、提炼、逻辑思维能力，来源并非自己的亲身经历。而通过复盘进行知识萃取，一般以亲历者为主导，在复盘引导师的引导下，通过结构化的研讨，总结、提炼出在类似情境或面临某些任务、解决特定问题、应对具体挑战、行之有效或无效的做法，来源是自身的经历。所以，通过复盘进行知识萃取的操作手法和要点与行业通常所称的知识萃取是有差异的。这是一个有待深入钻研的领域，也是我近年来一直在探索、实践、总结的主题。相关的一些研究成果会陆续发布。

解密复盘的"配方"

为了应对复盘的上述挑战，基于我的实践总结，我认为复盘的质量取决于复盘参与者、复盘引导师和组织三个方面，共有 12 项影响因素。由于这些要素之间会动态地相互影响，只要具备其中一些，甚至某一个因素非常强烈，都可能让复盘"化腐朽为神奇"。因此，你需要根据本企业的情况，选择适合自己的"配方"。

复盘参与者

每一个复盘参与者的自身状况（包括情绪、精神状态、动机、价值观与行为等），都会影响到复盘的质量，而且可能会相互影响。要想让复盘真正深入、到位，参与者需要秉持以下态度或精神。

1. 开放的心态，全心投入

正如美军、联想的实践所表明的那样，开放的心态是有效复盘的首要条件。事实上，按照成人学习的基本原则，开放的心态是学习的前提条件。如果没有开放的心态，学习根本无从发生。

所谓开放的心态，指的是不预设立场，愿意接纳与自己不同的观点、意见或信息，不认为自己的结论是不可挑战的，不会强烈地反击与自己不同的看法。《荀子·解蔽篇》中讲到，"心何以知？曰：虚壹而静"。所谓"虚"，是相对于"藏"而言的，也就是我们每个人内心积累下来的各种信念、成见、规则等，不让内心的所"藏"影响我们接收新的信息，就是"虚"，也就是我所说的"开放的心态"。"壹"是相对于"贰"而言的，就是同时兼纳多个具体的事物；不让兼知杂务的"贰"影响到自己的目标、原则或信念，就是"壹"，也就是专一、专注，集中并坚守目标。所谓"静"，是相对于"动"而言的，也就是说心随时随地都在动，不动就不能思考，但是，要想知晓事物的规律，必须排除各种干扰，不让各种胡思乱想、烦恼和杂念来扰乱思维。这种开放、专一、专注、沉浸的状态，是最适宜学习的。正如荀子所讲："虚壹而静，谓之大清明"。所谓"大清明"，是一种近似于"开悟"的状态，"坐于室而见四海，处于今而论久远，疏观万物而知其情，参稽治乱而通其度，经纬天地而材官万物，制割大理而宇宙理矣"。因此，要想通过复盘产生学习，每一个参与者都应该保持开放的心态，专一、专注，全心投入。

2. 相互信任，视彼此为伙伴

只有彼此信任、感到心理安全，人们才愿意敞开心扉。大卫·波姆也将"视彼此为伙伴"列为深度汇谈的重要条件。在他看来，只有双方目标与利益一致，可以相互托付、值得信赖，才能坦诚地暴露自己的不足。

　　我在引导复盘时发现，如果参与复盘的成员彼此不太熟悉（有些是新加入公司，或刚调入该部门或项目组），甚至在有些公司内存在相互竞争或"明争暗斗"的情况，想让大家畅所欲言，的确是一大挑战。为此，一方面要尽量确保参与复盘的是同一团队，大家相互了解、相互信任；另一方面，复盘引导师在复盘会议之前，要让大家明确复盘的目的、倡导的规则，并在复盘会议中，通过领导以身作则、适当的干预措施，让大家敞开心扉、坦诚表达、积极参与。

　　3. 深度聆听，有效主张与探询

　　按照美国麻省理工学院威廉姆·伊萨克教授的观点，深度汇谈有三个基本构成要素：聆听、主张（advocacy）与探询（inquiry）。聆听是基础；主张是提出自己的看法、观点、判断，或贡献信息；探询则是提问、探究，了解他人掌握的信息、观点及其背后的理由。对于集体汇谈而言，缺少了哪一味元素，对话的质量都会大打折扣。如果缺乏聆听，每个人都在提出自己的观点，就只是"自说自话"或辩论；如果缺乏主张，只是探询，更像是一场审讯；如果缺乏探询，只是信息通报，没有双向的交流与多方位的探讨，也不是真正的对话。

　　因此，在复盘中，除了引导师积极运用提问技巧来驱动会谈的流程之外，每个参与者都应积极主动地参与其中，以开放的心态，认真聆听，同时高效地主张、贡献自己的观点与信息，并发自内心地真诚探询，挖掘他人的观点与智慧。只有这样，才能进行高质量的对话。

　　在中国古代，人们将聆听几乎等同于学习。如果不能专注地聆听，就不能完全捕获沟通对象传达的信息，深入理解信息中包含的信息。在这方面，受心智模式的影响，人们会采取"选择性观察"，也会习惯性地基于自身的知识、经验或规则，对接收到的信息"马上做出判断"。这其实是造成沟通障碍的根本原因之一。

的确，沟通不仅仅是说，而是说和听。因此，只注重说话的技巧而不讲究听的技能，仅仅触及沟通的一个环节，是不可能提高沟通效率的。事实上，很多沟通的问题出在缺乏聆听上——经验表明，用心聆听可能比表达更为困难。但是，必须"停止交谈"，专注地聆听，并站在别人的立场上，假想站在他的位置上，做他的工作，面对他的问题，用他的语言，和他有相同的价值观，这样才能完全理解他人的真实意图。

在日常生活中，人与人之间的交流是一种类似"打乒乓球"的简单反应过程，很难进行坦诚深入的对话和一起思考，而真正有助于学习的对话要求各参与方彼此理解对方的思维模式，能从对方的角度思考问题。

4. 实事求是，坦诚表达

真实是学习的生命线。只有实事求是、坦诚地回顾事实，才有可能学习。如果隐瞒事实，无论是对结果的评估，还是差异的根本原因分析，以及经验教训，都无从谈起。因此，需要参与者能够实事求是、坦诚表达。这是复盘的根基。

5. 尊重与欣赏差异性

在复盘过程中，不可避免地会遇到差异、分歧甚至冲突的情况，因为在组织环境中，每个人的职责分工、站位不同，他获取的信息、看到的事实、知识基础以及对事实的解读等，与他人也存在差异，这使得每个人对于目标的理解、事实的观点以及差异的原因、学到的经验教训等，都可能有不同的看法。

如果参与者不能尊重并欣赏差异性，每个人都坚持并不遗余力地捍卫自己的观点，那么不仅无从学习，也会使得团队无法深入地交流，矛盾重重，甚至最终四分五裂。因此，大家要愿意接受与自己不同的观点，拥抱差异性。

复盘引导师

就像乐队的指挥或球队的教练，复盘引导师会通过提问等技巧，让参与者之间的合作变得更加顺畅、便利，化解各种潜在的障碍，提高团队的绩效表现与合作能力。因此，从这种意义上讲，引导师如同"催化剂"，对于复盘的成功至关重要。

在我看来，复盘引导师要承担的具体职责有很多（参见第 4 章），但这些职责可分为四大类，它们也是影响复盘成败的重要因素。

1. 营造 / 护持场域

任何复盘都发生在特定环境之中，离不开具体的时间、空间、组织背景与文化，是人与人之间的互动，也必然会受到相应"场域"的影响。威廉·伊萨克曾将对话发生的场域比喻为一个"容器"——事实上，这是一个无形的"场"，受社会规范、参与者之间的关系、事件、情绪，以及物理、化学、声音等多种因素复杂而微妙的影响。

因此，复盘引导师要精心营造良好的对话环境（不仅是物理空间与现实环境，还包括心理空间和情绪等），让大家感到安全、安心、舒适，如沐春风。同时，引导师在整个复盘过程中应维持场域的状态。

2. 关注过程

很多人认为，引导师不必是内容方面的专家，但他的核心职责是引导整个对话的流程。因此，引导师需要关注过程，而不是内容。尽管了解内容在一定程度上有助于复盘的引导，但也可能产生"副作用"：一则可能影响到引导师的中立状态；二则可能因难以抑制"说话"的冲动，而干扰引导师对过程的关注、对场域的维护。

即使是内部局中人担任复盘引导师，也应始终保持对过程的关注，注意参与与引导的平衡。良好的引导会让大家感到对话进行得非常顺畅、自然，既讨论得很充分，又紧凑、高效，不显得冗长或拖沓，也不是匆匆忙忙，很多话题未展开，或生硬地打断对话、切换主题。

3. 保持中立

为了保持过程的流畅，让大家畅所欲言，复盘引导师最好能保持中立，不预设判断，不选边站队，更不要诱导他人得出自己认为正确的观点，或者把自己的观点强加于人。

若由团队之外的人来担任复盘引导师，因为没有直接的利益关系，可能较容易保持中立；但若由团队内部人员来引导，则需要格外警惕，既要参与，也要引导。尤其是领导来引导团队复盘，挑战更大。他们大多比较聪明、能力强、经验多，并且能说会道，比较自信，有时也掌握更多的信息，若无法平衡参与与引导，往往变成"一言堂"或领导者"主导""自嗨"，失去了团队研讨的氛围，也会严重影响团队复盘质量。为此，应力求保持中立，只在必要时参与讨论。

当然，内部引导师和外部引导师各有优劣势，需要注意"平衡"。例如，在华为等公司复盘中，有时会使用"双引导师"，即既有了解业务情况的内部引导师，也有专注于过程与氛围的外部引导师，并在复盘引导前对内部引导师进行赋能，以更好地发挥复盘引导的威力，保证复盘效果。

4. 促进参与

就我的观察，在团队研讨中，经常出现"话太多""不参与""老打岔""放毒气""起冲突"等各种问题，有的人参与过度，试图主导讨论的进程，千方百计说服他人接纳自己的观点，有的人牢骚满腹，有的则一言不发。面对这种种"众生相"，复盘引导师应妥善应对，促进每个人都参与进来，激发团队整体的智慧。

组织环境

每个参与者的行为及其之间的互动，都会受到环境的影响。研究表明，人们所处的环境会极大地影响参与者的思考和行为方式，影响人们反思、对话的品质和深度。因为团队复盘的核心过程就是对话，因而环境的质量（既包括大的文化，也包括小的"气场"）也会影响复盘的质量。

具体而言，在环境方面，主要包括以下三项要素。

1. 人际规范

在不同的社会文化中，人们约定俗成的人际交往规范，肯定会影响复盘的对话。例如，传统上，东方人一般比较含蓄，西方人则比较直接；在一些公司中，有可能存在着"老好人"文化，大家比较注重表面上的和谐，尽可能掩盖或避免与他人的当面冲突（事实上存在不同意见)。在这种情况下,若进行复盘,参与者可能就不敢坦诚地指出自己发现的别人的失误或存在的问题,也可能发现不了自己"不知道自己不知道"的不足。因此,复盘引导师应了解不同的人际规范,并知道如何因势利导。

2. 组织文化

组织文化研究专家埃德加·沙因(Edgar Schein)指出,组织文化是在组织的发展过程中,组织成员逐渐建立起来、不断完善,并被证明行之有效而被认可的一系列基本假设、规则、信仰与价值观。虽然文化似乎看不见、摸不着,许多深层次的假设与价值观也是模糊、隐而不现的,甚至"只可意会不可言传",但是,它们却无所不在,在很大程度上影响着人们的认知、思想、情感以及行为。比如,在有些公司中,领导比较强势,容易出现"一言堂"的现象,导致大家在复盘中不敢畅所欲言,事事都要"看领导的",这也会影响到复盘的效果。

另外,在一些强调惩罚和追责的公司中,复盘参与者可能会因为担心被"打板子""揪辫子",或者"秋后算账""穿小鞋"而"报喜不报忧",或者"归罪于外",这样就失去了学习的意义,使复盘沦为走过场。

如上所述,美军、联想、英国石油公司等组织在复盘实践中,都非常重视开放、坦诚、反思自我、实事求是等行为表现,而要做到这一点,与组织文化有不可分割的关联。

3. 领导行为

在实践中,人们常说:所谓企业文化,就是一把手文化。的确,企业文化在很大程度上受到高层领导者行为的影响。正如古语所云:上之所好,民必甚焉。如果领导者在复盘中遮遮掩掩、推诿或指责他人，却希望员工能敞开心扉、反思自我，那只能是痴心妄想。要想倡导复盘、把复盘做到位，领导者必须以身作则，这是一个不可或缺的必要条件。

在这里，我所说的领导行为，不只是指最高领导的行为，也包括各级管理者在内，不仅指领导在复盘中的具体表现，也包括各级领导在日常工作中的作为。它们都会直接或间接地影响复盘。

总之，影响复盘质量的因素很多，而且它们之间存在复杂而微妙的"化学反应"，造成了不同企业、团队复盘效果的千差万别。对于企业而言，只有多实践、用心调配，找到适合自己的"配方"，才是根本解决之道。

善用方法与工具

2500 多年前，至圣先师孔子就曾讲过：工欲善其事，必先利其器。要想做好一件事，必须掌握有效的方法与工具，方能事半功倍。要想有效引导复盘，也要掌握必备的方法与工具。

实际上，复盘作为一种结构化团队学习方法，许多团队引导方面的方法与工具，如头脑风暴法、世界咖啡汇谈等，都可以应用。若应用得当，则有助于复盘质量的提升。当然，由于复盘固有的流程与步骤，也会有独特的问题，因而也会用到一些特定的方法与工具。

根据我的实操经验，在引导团队复盘的三个阶段、九个步骤中，常用的方法与工具以及参考规范如表 7-1 所示。

本书附录 B 中介绍了一些常用的方法与工具、复盘模板，可供大家在引导复盘过程中参考使用。

表 7-1　复盘引导过程中常用方法与工具对照表

阶段	步骤	要解决的问题	常用方法与工具	参考规范
精心准备	策划团队复盘方案	对什么进行复盘? 达到什么目标? 涉及哪些工作? 需要哪些人参加?	复盘会策划检查清单™	复盘的应用类型、团队复盘引导
	组织团队复盘会议	复盘会议何时、在何地，以何种形式召开? 需要多长时间? 议程如何? 分工是什么?	复盘会议策划检查清单™	团队复盘引导
	提前准备	需要哪些人做哪些准备? 提供哪些资料? 会务相关事宜	复盘会议策划检查清单™	团队复盘引导
有效引导　顺序研讨，深入挖掘	开场	让与会者明确会议的目的、议程以及规则	—	复盘模版、团队复盘引导
		预期目标是什么?	提问、说话棒	团队复盘引导
		实际发生了什么? 结果如何?	提问、团队列名法、世界咖啡汇谈	团队复盘引导
		差异根本的原因是什么?	头脑风暴法/团队列名法、思考的罗盘™	系统思考
		从中能学到哪些经验教训?	提问、头脑风暴法或团队列名法、世界咖啡汇谈、经验萃取/教训记录单™	知识萃取
	收尾	后续如何改进?	行动计划表（模板）、管理改进建议书（模板）	团队复盘引导
		是否充分发表了意见? 是否达成共识? 后续行动措施是否明确?	团队复盘效果检查清单™	复盘效果评估
推进到位	整理并分享复盘结果	哪些人了解这些信息会有帮助?	复盘报告（模板）	复盘影响力矩阵
	跟进实施，推动"落地"	复盘后续行动是否落实到位了?	行动计划表	复盘影响力矩阵
	评估与改善	复盘有哪些价值? 还有哪些改进之处?	团体复盘效果检查清单™	复盘效果评估

回顾与练习

1. 要想做好复盘，需要哪 3 个方面的 12 项要素通力配合？

    A. 参与者、引导师、领导　　　　　B. 参与者、引导师、组织环境

    C. 领导、员工、外部引导师

2. 要想做好复盘，需要具备哪 3 项的核心技能？

    A. 逻辑思维　　　　　B. 复盘引导

    C. 知识萃取　　　　　D. 系统思考

3. 对照复盘的 25 个"坑"，请思考：在你所在机构中，做团队复盘面临的主要挑战是什么？应该如何解决？

扫描二维码，关注"CKO 学习型组织网"，回复"做好复盘"，查看部分参考答案与解释。

第 8 章

·CHAPTER 8·

推广复盘

尽管复盘的操作手法简单、功效显著，引起许多企业和机构的兴趣，大家都在学习和应用这种方法，但是，Signet 咨询集团的调查所显示，"许多试图学习和应用 AAR 的努力都失败了，因为人们一而再，再而三地把这种生动实践简化为一种枯燥乏味的技术"。⊖

基于我个人十余年推广复盘的观察，许多引入复盘方法的企业，大都能快速见效（因为这种方法的确简单明了、易于上手），但是，真正能够推广开来，长期坚持下去，并形成习惯的，并不多见。与此同时，实践表明，做一次复盘不难，难的是做到位、推广开，形成习惯，并建立体系。

那么，我们如何在组织内部推广复盘，充分发挥其影响力，并使其成为习惯或组织文化呢？

⊖ 美国陆军，美国领导交流协会 . 美国陆军领导力手册 [M]. 向妮，译 . 北京：中国社会科学出版社，2004：159-160.

应用复盘的三个阶段

近年来，我应很多公司的邀请，为其进行复盘方法论或复盘引导师认证培训，经常会遇到类似的需求，即公司倡导快速总结、当天总结，对于各类业务活动，"战后必总结"。但是，每次总结都会遇到一些问题，比如总结的点很分散，杂乱无章；总结发现的多数问题下次依然存在；员工参与总结的意愿不高，总结会有时候变成了"吐槽会"或"批斗会"，大家相互指责、推诿、扯皮，最终出现排斥总结会的现象。对于这种状况，应该如何解决？

上述状况并非个例，其实很具代表性。随着商业环境日益复杂多变，组织要想从容应对，就需要敏捷学习，而复盘作为一种快速有效的方法论，越来越受到企业的重视。实践证明，如果能够把复盘做到位，它不仅有助于培养和提升各级管理者的能力，也可以成为公司管理沟通的"共同语言"，从而促进团队协同，提升组织智慧。

不过，理想很丰满，现实很骨感。企业要想从复盘中获益，就必须认真地将复盘做到位、做出实效，并形成体系。结合多年实践，我认为企业应用复盘的历程可分为三个阶段。

复盘 1.0：从自发到规范

许多企业都有"工作总结"的习惯。然而，如上所述，复盘与一般工作总结有着本质的区别（参见第 1 章）。许多企业，通过看书、培训等方式，理解了复盘的原理，掌握了复盘的一般过程和基本操作手法，借鉴一些"模板"，尝试将工作总结升级为团队复盘。相对于初始的自发状态，这些企业可以较为规范地进行结构化的总结(复盘)。

我将这一阶段称为"复盘 1.0",也就是复盘的入门阶段。该阶段会存在一些遗憾或不足,包括但不限于:

- 机械套取通用的模板或一般过程,导致对小事的复盘过于烦琐、机械,而对大的项目复盘、经营复盘或战略复盘又显得"力道"不足;
- 参与复盘的人不理解复盘的精髓、参与性不足,导致复盘的效果参差不齐;
- 复盘会议缺乏设计、准备和引导;
- 没有形成体系,复盘的结果不能得到充分使用。

复盘 2.0:从规范到实效

为解决上述阶段存在的问题,企业需要提升复盘的质量和改善复盘的效果。为此,企业可以通过复盘引导师认证培训,掌握有效复盘必备的三项核心能力(参见第 7 章),通过提升复盘参与者、引导师和组织环境三方面的适配度,切实将复盘做到位、做出实效。

不幸的是,在大多数企业中,复盘效果都是参差不齐的,有的甚至沦为形式主义、走过场。

在这种情况下,有些领导推动复盘不得章法,强制性地要求如何如何,结果事与愿违。

在我看来,如果条件不具备,强推不如不推。不推的话,顶多是不做复盘了,让学习顺其自然地发生(当然,在许多竞争非常激烈的行业中,有时候这样做也是有风险的);而强推的话,不仅没有产生学习，而且浪费了时间，甚至会带来一些有严重或恶劣影响的"副作用"，如应付差事、逆反心理、说假话等。因此，要进行系统地分析和诊断，参照本书第 7 章的内容，找到适合自身企业有效复盘的"配方"，让复盘在规范的基础上做出实效。这样就可以让你所在机构的复盘应用上一个台阶，变成"复盘 2.0"。

复盘 3.0：从实效到体系

复盘的价值不只是帮助某个团队从某次经历中得到学习，它其实可以发挥更大的价值。例如，万达将复盘作为一种基本的工作方法，将其嵌入业务流程之中，以复盘促进业务流程的规范化和持续优化（参见附录 C）；联想将复盘作为企业文化核心方法论之一，主张"小事及时复盘，项目阶段性复盘，大事定期复盘"，并将其应用于项目管理与业务经营之中；英国石油公司让复盘融入项目运作体系中，与其他几种组织学习方法相结合，形成"做前学、做中学、做后学"的整体架构；美军则把活动复盘与经验学习中心结合起来，将活动复盘作为汲取全球最佳实践的来源之一，而经验学习中心整理形成的作战规范又被应用于美军在全球各地的军事行动，并经再次复盘得以验证。

因此，这是复盘应用的更高境界，我将其称为"复盘 3.0"，看似轻松、自然，但将复盘与企业的管理、业务运作结合起来，"润物细无声"，充分发挥它的价值，并形成一个完整的工作—学习—改进的体系，形成习惯与企业文化，才能帮助组织在复杂多变的商业环境中敏捷地学习，获得更好的生存、发展的机会。

你所在机构的复盘应用，处于哪个阶段？

启动复盘的三个"成长引擎"

在了解、认同和接受了复盘的理念及导入初步实践之后，很多领导者会自然关心的一个问题是：如何能够持续地推广复盘的应用，使其真正有效地助力企业的发展？

在我看来，在推动复盘的过程中，主要参与主体包括员工个人（参与者）、复盘引导师和组织三类。分别激活他们的热情，使其成为推动复盘发展的"引擎"，是持续推广复盘的关键要素。

员工：真切地感受到复盘的价值，更加乐意参与其中

基于基本的人性规律，对于对自己真正有价值而且感受好的活动，我们就愿意积极地参与。因此，若一开始能确保每一次复盘都达到预期的效果，让大家学到宝贵的经验或教训，并在复盘的过程中也有良好的感受，这样就能够提高大家对复盘的兴趣，增强大家参与复盘的积极性，从而更愿意以开放的心态参与其中，学到更多东西，形成一个良性循环（参见图 8-1 中 R1）。

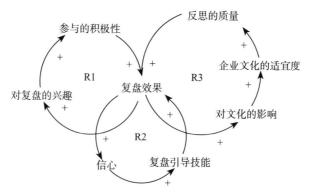

图 8-1　推动复盘的三个"成长引擎"

复盘引导师：有效的复盘会振奋信心、提高技能

若在引导师的推动下进行的复盘非常顺利，效果很好，也会让引导师感到振奋，更积极地进行总结、反思与实践，从而提高复盘引导技能，有利于复盘效果的提升（参见图 8-1 中 R2）。相反，如果复盘效果不佳，复盘引导师的信心就可能受挫，从而降低其积极性，影响后续复盘效果。

组织：到位的复盘可以改善企业文化，进一步提升复盘的效果

同时，复盘若执行到位，也会改善组织的流程、制度、规范，甚至一些根深蒂固的规则和信念，这有助于改善企业文化，让大家更愿意深入反思自我、坦诚表达、激发集体智慧，从而促进复盘效果的提升（参见图 8-1 中 R3）。

以上三个方面相互影响、相互促进，共同推动和影响着复盘的效果，构成了复盘的三个"成长引擎"。相反，如果不具备相关的一些条件，在这种情况下做复盘，可能就达不到预期的效果，一些人就会觉得，这个方法不好用啊，或者复盘不过如此。这不仅会影响人们参与复盘的热情，而且可能带着"有色眼镜""预设立场"地去看复盘，从而影响复盘的效果。这进一步印证了他们的预期，陷入一个恶性循环之中。所以，认识推动复盘的内在动力，把握关键，有效地推动复盘至关重要。

推广复盘的六个阶段

在组织内推广复盘这种管理方法，就像种庄稼一样，需要从上

述三个方面采取措施，经历以下六个阶段。

第一阶段：松土

为了让学习发生，组织需要具备适宜的条件，就像庄稼要存活，离不开适宜的土壤一样。为此，在复盘开始之前，或者在复盘的过程中，需要明确复盘的意义、价值与确保其成功的关键要素。这一方面需要复盘发起人与参与者理解复盘的理念、价值和精髓，另一方面，也需要领导人以身作则，以实际行动展现出开放的心态、自我反思、深入探究等精神。

在实际工作中，许多企业会通过宣传或领导人的倡导，引入复盘的理念与方法，激发大家学习与参与的热情，为应用和推广复盘营造了良好的氛围。

第二阶段：赋能

就像在土壤里面播下种子一样，在实际推广复盘的过程中，需要让各级管理者学会复盘的设计与引导方法，或者成为我所称的"复盘引导师"，他们既理解复盘的目的、精髓，掌握复盘的方法、诀窍，又能够熟练地进行团队复盘引导，可以有效地应对团队复盘过程中出现的各种问题，有助于保证复盘的效率和效果。例如，华为、伊利和潮宏基（参见附录C）等企业通过导入复盘方法论培训以及移动微课，在内部普及复盘知识，有利于提高能力，确保复盘"扎下根来"。

第三阶段：试点

在一开始，组织未必具备适宜复盘的所有条件，复盘引导师也很难技术熟练、能力高超，为此，可以选择小的团队，或者是具体的事件、活动进行复盘，因为这样的主题涵盖的工作不是特别复杂，问题也可能较为集中，参与者数量不多，即便复盘引导师的技能还不是特别熟练，也可以较好地控场、引导团队研讨，并确保大家的参与。否则，一开始若选择特别复杂的项目，或者是公司总体的经营性问题，边界很大，涉及的工作很多，问题很复杂而微妙，参与者众多、观点纷繁复杂，或存在跨部门的利益冲突，可能导致复盘的过程难以驾驭，需要复盘引导师具备更多、更熟练的技能和经验。

第四阶段：及时总结和提炼

复盘作为一种从实践中学习的有效方法，也可以帮助我们学习、提高复盘引导的能力。在每次做完复盘之后，都可以用复盘的方法，对这次复盘进行复盘。通过不停的及时总结和提炼，我们就能够逐步提高自己复盘的策划与实施能力，也能发现在你所在的机构应用和推广复盘的关键成功要素。

第五阶段：逐步推广

如第2章所述，从参与复盘的人和事两个维度，我们可以把复盘划分为四种类型，即个人复盘、团队复盘、项目复盘和经营复盘。每一种复盘的操作手法、可能面临的一些问题以及"心法"、成功要素，都有差异。因此，大家可以在不停地总结、提炼的基础上，循序渐进地，由易到难，逐渐扩大复盘的应用类型和范围。

第六阶段：评估优化

在进行了各种类型的尝试之后，可以进行更为全面的阶段性总结、提炼，沉淀下来一些标准的操作规程、模板，同时也能够让更多的人通过体验复盘、实践复盘，加深对复盘的理解，改善个人参与复盘的技能，如反思、聆听、对话等，从而促进企业文化的改善。这样的话，可以提高复盘的效果，让学习更快、更好地发生。

综上所述，在我看来，推广复盘是一项长期的生态化系统工程。要想真正让复盘在组织内"存活"，需要各级干部与员工（复盘参与者）、复盘引导师以及组织三方面、很多要素的协同配合，这是一个生态化的过程。同时，在这个过程中，各个要素之间存在着动态的相互影响，是一个系统工程。

因此，切不能以"搞运动""走形式"的方式去推动复盘。就像种庄稼一样，我们需要有耐心，通过改良土壤，播下种子，施肥、浇水，等待种子发芽、成长；等到一季庄稼收获以后，再通过反思，来提高我们种庄稼的能力。这是一个相对漫长的过程，有其内在的自然规律。所以，推动复盘不能着急，"拔苗助长"只能事与愿违，"欲速则不达"。

推广复盘的四种策略

在学习、局部引入了复盘这种方法之后，第一批使用者应该勤加练习，力争熟练掌握。

接下来，要想办法将其推广开来，获得更多人的参与、认可。就像一项社会变革运动一样，早期采纳者应想办法扩大自己的影响力，争取到更多的"同盟军"，建立更广泛的变革联盟。

那么，如何推广复盘呢？

基于我的实践心得，我认为可以考虑以下四种策略。

自上而下：各级领导人以身作则

在联想，经常被传颂的一句话是：以身作则，不是影响他人的重要途径，而是唯一途径。事实上，我们中国也有"行胜于言""上行下效"等格言，都揭示了一个真理，即领导人以身作则是让复盘真正落地的重要条件。就像柳传志先生所说："复盘"的方式有多种多样，关键是要有这个意识，有了这个意识以后，情况就会好得多。

毫无疑问，一把手的行为会影响到整个公司的工作氛围和工作方法，领导的以身作则会传染给每一个员工。联想的经验表明，复盘首先是从一把手开始的。联想的文化建立和形成在很大程度上都是柳传志先生率先垂范的结果，然后慢慢在公司形成一种氛围，最后形成文化。只有一把手以身作则，才能慢慢建立起良好的企业文化。

⊙ **案例　柳传志对"以身作则"的复盘**

柳传志早年创业时，自己脾气很大，经常跟人拍桌子。慢慢地，他就发现手下的干部也这样对待自己的员工，认为这样才有领导的气派。于是，柳传志重新思考了这件事，觉得如果公司形成了这种"剑拔弩张"的氛围，肯定对工作不利，而关键的原因在于自己平时的作为影响到了周围的人。最终，他找到了问题的症结在于自己，而唯一的办法就是改变自己的脾气。最后，他真的改了，公司氛围也逐渐改变了。

循序渐进：从事件／活动层面的落实开始

大型项目的复盘组织起来非常复杂，对相关人员和技术的要求也比较高，为此，我建议一般的企业在实际推广复盘的过程中，可以先从事件／活动层面的复盘做起。在熟悉了复盘的方法，具备了复盘引导的经验之后，再指定受过更多训练的、合格的复盘引导师或特定部门来牵头，对比较重要的项目进行复盘，让更多的部门和人员参与进来。

这种循序渐进的策略，好处包括：

● 事件／活动层面的复盘涉及人员不多，易于组织；

● 问题相对比较简单，对组织和引导者要求不高，易于驾驭；

● 不占用太多时间，也容易快速见到效果，便于树立大家对复盘的信心，并有助于增强复盘引导师的信心、提升复盘引导能力、积累相关经验。

嵌入业务：将复盘作为一项正式工作

英国石油公司认为，应该把复盘作为团队的一项正式工作，安排在团队的正式日程之内，这样就不会让人们觉得复盘是一项额外的工作，可有可无。

这其实特别重要。在联想，因为领导人的倡导和坚持，大家已经形成习惯，事情做完了，就会很自然地进行复盘。但是，对许多尚未建立起复盘习惯的公司而言，如果复盘是一个"可选项"，是一项"额外的工作"，那就会难以开展和推行。

分工合作：明确责任，通力配合

在组织内，推广复盘不是哪一个部门或哪一个人的事，需要组织全体成员的共同参与。只有明确责任，通力配合，才能"众人拾柴火焰高"。

具体的一些行动措施包括但不限于：

- 让人力资源部或培训部、企业大学对各级干部组织复盘方法论的培训，让大家认识到复盘的价值，理解复盘的逻辑，掌握复盘的方法；

- 各级领导把复盘当成一种工作方法，在自己所管辖的部门范围内发起并推动复盘；

- 让企划部负责定期或跨部门复盘的机制（如结合每月/季度的工作例会、公司重点工作或项目等）；

- 让宣传部持续"宣传"并表彰一些典型或成功的榜样；

- 事业部领导可定期召开专题的复盘经验分享会，让各地区或部门来介绍自己的复盘实践，以及发现的问题和改进方案、效果；

- 让企业大学/信息部搭建复盘共享网站，营造复盘氛围，并给大家分享一些复盘报告或萃取到的经验教训，促进知识共享和复盘结果的落地；

- 选拔、培养一批合格的复盘引导师，进一步提高复盘的效果，并能胜任大型项目、经营与战略复盘的引导工作；

- 让企管部定期整理各个部门的复盘结果，发现并推动解决一些共性的问题，实现组织整体的改善。

评估复盘的效果

既然我们希望把复盘做到位,那么,必然要回答的一个问题是:你的复盘效果如何?

此外,正如彼得·德鲁克所说:如果你不能衡量它,就不能管理它。要想有效地管理复盘,就要评估复盘。事实上,许多企业都很关心如何评估复盘的效果这一问题。

但是,就像学习评估是一个世界级难题一样,复盘效果的确很难评估。

那么,如何评估复盘的效果呢?

参考学习评估的一般模式,在我看来,要想评估复盘,有以下几个策略。

现场反应

如果把复盘当作一次团队学习活动的话,根据柯氏四级学习评估,最直接的一个指标,就是人们的现场反应。

无论是引导师通过观察人们的现场反应,获得直观的感受,还是在收尾环节,让与会者发表自己的感受,了解人们对复盘会议现场的满意度,或者事后通过简单的问卷调查,都可以评估人们的现场反应,以此作为评估复盘会议效果的直接证据。的确,如果在复盘会议现场,人们可以敞开心扉、积极参与、畅所欲言,过程聚焦、高效,涉及了与会者关心的问题,并且他们也充分发表了意见,那么,复盘会议效果应该差不到哪里去。

当然,虽然评估人们的现场反应简单易行,但是,需要注意的是，现场反应只是影响学习效果的一个因素，现场反应积极并不必然等同于复盘有很好的效果。要想让复盘取得良好效果，除了现场反应积极，还与前期的设计与准备、事后的跟进等很多因素有关。

会议成果

如果通过复盘研讨，产出了一些高质量的知识成果，如研讨了真正重要的问题，提炼出了一些切实可行的经验或教训，并制订了有效的行动计划，那么，复盘会议就是成功的。对此，可以请主管业务部门或相关专家进行评估。

相对于评估现场反应，评估会议成果更加"结果导向"，但是，它关注的仍是复盘会议的直接产出，还不涉及对工作的影响。

行动落地

就像荀子所说，"学至于行而止矣"，复盘会议拟定的行动计划，能够推进到位，真正产出实效，对各部门的业务与实际工作产生了促进作用，不仅是验证复盘会议产出质量的标准，而且也能体现复盘的学习价值。要评估复盘对行动的影响，需要持续地跟进，了解复盘参与者及其他利益相关方（如与复盘主题有类似实践的团队、项目或相关部门等）的事后实践。

需要注意的是，影响每个人和业务部门实践的因素很多，并不必然与复盘产出质量直接相关。换言之，一方面，即使复盘会议产出质量很高，复盘参与者或业务部门也未必采纳、展现出相应的行动；另一方面，即使复盘参与者或业务部门展现出了与复盘研讨产出相同或类似的行动，也不必然是由复盘导致的。因此，衡量行动

落地有一定难度,需要重点关注可控范围内,或参与复盘并与推动
复盘行动计划落地、复盘成果共享直接相关的行动。

商业价值

复盘直接针对已经发生的业务工作或实际问题,如果能够深入
分析、反思,挖掘到真正的关键成功要素或失败的根本原因,并应
用到后续工作中,可以直接为企业创造巨大的商业价值。

让我们先看两个真实的例子。

某汽车经销集团在某地区开设了一家汽车经销4S店,第一年的
经营形势喜人,但第二年,一家竞争对手在离他们只有几公里的地
方开了同一个品牌的4S店,双方几乎是"贴身肉搏"的竞争,让该
店承受了巨大压力,不仅被竞争对手夺去了3成多一点儿的市场份
额,而且利润也大幅下滑。经过复盘,其全面而审慎地分析了内外
部竞争形势,分析了自己工作中的利弊得失,调整了目标和策略打
法,通过充分争取厂商和集团的资源、扩大客源和销售,不仅保持
住了对市场的领导地位,而且实现了盈利。据初步测算,通过经营
复盘,该公司创造的商业价值接近百万元。

某品牌服装厂商在国内主要地区有50多家店,但各店的经营
形势参差不齐,有的堪称标杆、王牌,而有的几乎惨不忍睹。对此,
董事长组织召开了王牌店铺的经营复盘,找出了这些王牌店铺经营
成功的关键要素,将其中的一些经验与教训分享给其他店铺,有效
地促进了这些店铺的经营业绩提升。同时,公司还根据复盘成果,
制定了规范动作,用于指导后续开店工作。粗略统计,创造的商业
价值也高达数百万元。

当然，与衡量行动落地类似，我们不能简单地将这些商业价值都直接归结于复盘。但是，毫无疑问，关注与复盘直接相关的行动的结果，可以在一定程度上衡量复盘创造的商业价值。

从两个维度扩大复盘的影响

复盘是简单而有效的团队／组织学习方法，要想充分发挥复盘的价值，必须充分利用复盘的结果，可以从两个维度扩大复盘的影响：一方面，扩大复盘结果的共享范围，让复盘不只是实现某个局部单位的改善，还对组织中其他团队乃至整个组织产生影响；另一方面，增加复盘结果的应用深度，不只是从中学习，还要实现行动的改进和组织运作深层次的提升与改善。由此，一次复盘就像在池塘中投下一粒石子一样，产生层层涟漪，从而发挥更大的作用（参见表 8-1）。

表 8-1 复盘影响力矩阵

	复盘团队	其他团队	组织
知识共享	复盘过程即共享过程	将复盘结果与其他团队分享、交流	将复盘结果纳入组织知识管理系统
行动改进	采取措施，落实跟进，纠正／补救当前项目的缺陷或不足	通过相互协作、经验分享，实现行动改进	团队的行动优化，一方面需要组织其他部门的配合，另一方面也会对组织其他部门产生影响
运作优化	深入反思，找到规律，提高本团队运作优化的改进之处	通过相互协作、经验共享，实现运作优化	优化组织运作的政策、流程、规范

扩大复盘结果的共享范围

结合美军、联想等组织的做法，复盘过程中学到的经验教训是非常宝贵的知识财富,这本身是一个知识发现/获取的过程(联想将其作为"捕获学识"的主要机制之一)。因此,我认为,对于复盘结果的利用,应包括三个层面:复盘团队、其他团队、整个组织。

1.复盘团队

复盘不仅是复盘参与者进行总结、反思、提升的过程,也是团队成员之间相互交流、学习、知识共享的过程,因为对于一些大型组织或复杂任务而言,每个人只是负责其中一个部分或条块的工作,可能并不了解整个项目的情况,也不一定会有其他部分或职能工作的经验,但是通过在一起交流,听每个人介绍自己的工作是怎样完成的,为什么成功或失败,有哪些心得、"诀窍",是一个特别宝贵的学习机会。如果下次自己在类似项目上承担其他的工作职责,可能就不再是"白纸一张"。

此外,团队成员之间相互分享,也有助于增进彼此之间的相互了解,在项目后续工作期间,可以更好地相互配合。

2.其他团队

就像英国石油公司的案例(参见第5章)所示,在项目复盘时,邀请公司中正在或即将进行类似项目的其他团队一起参与,把本团队的经验教训快速分享给其他团队,不仅快速扩大了复盘的影响,而且学习效果会更好(现场参加可全方位获得第一手的信息,如同身临其境,还可以及时、充分地提问或交流),同时也有助于组织内部形成相互分享的氛围。这样的话,当你需要执行新的任务或遇到新难题时,其他团队也愿意向你敞开大门。

尽管在复盘过程中直接参与会收获更大,但是组织可能由于各种各样的原因无法实现这一点。如果其他团队不能现场参加复盘,复盘团队可以把复盘结果主动发送给其他团队——如果大家都在一个"实践社群"（community of practice，CoP）中，就会很方便地实现这一点；否则，可以把复盘结果或相关信息上传到公司的知识管理系统中，并留下自己的联系方式，以便后续团队检索或联络。

此外，从实际运作来看，参与复盘的成员也会像"蒲公英的种子"一样，随着他们的工作轮换，将从复盘中学到的经验教训"传播"到后续的项目、其他部门。例如，在我所经历的联想 ERP 项目中，由于注重项目阶段性复盘以及对复盘结果的记录、整理和共享，因而后续类似项目也可以吸收、借鉴 ERP 项目得到的经验教训，更平稳、快速地推进，并获得了成功。其中，许多项目管理人员和业务骨干都曾参与过 ERP 项目的实施以及复盘。这些组织记忆被印刻在他们的头脑中，随着他们的工作变换而将复盘的结果传播、扩散开来。

3. 整个组织

现在，许多公司内部都搭建了某种形式的知识管理系统或内部网络、社交媒体，把复盘结果或信息发布出来，可以让感兴趣的同事都看到，并在方便的时候查阅。

例如，美军有一个规模庞大的内部网（Army Knowledge Online，AKO），各种复盘结果以及规范更新都可以通过该网络进行发布和共享；联想内部则有公司内部网门户、各部门的主页或跨部门的主题实践社群，也会不定期地发布或更新复盘结果。

近期兴起的移动协作软件、知识管理、内部分享与社交工具、绩效支持技术和平台，也可以为复盘的共享提供很好的支持。

即使你的公司内部没有这些 IT 基础设施，借助邮件群组、公共社交网络（如微信群、微博群组等），也可以很方便地实现这一点。

例如，在 20 世纪 90 年代，雪佛龙石油公司内部建立了一个邮件群组，分布在世界各地的炼油厂安全管理员都加入其中，当某一个炼油厂进行复盘，发现了某一种安全隐患，或者当某地发生了安全事故，他们都会把这些经验教训通过这个网络（被称为"安全预警网络"）发布出来，其他人都会对自己所在的工厂是否存在类似隐患或风险进行检查，从而吸取了他人的经验教训，提高了组织整体的安全管理水平。

增加复盘结果的应用深度

尽管复盘是一种有效的学习方式，但做复盘不只是为了获得一些经验教训，它本身也是行动导向的，也就是说，通过复盘，要能够实现行动改进和绩效提升。为此，除了知识共享之外，组织还要在复盘之后，推动行动的落地和后续运作规范的优化。

1. 复盘团队跟进落实 / 未来改进

如上所述，复盘会议之后，如果可能的话，复盘引导师或团队负责人要采取后续行动措施，落实跟进，纠正 / 补救当前项目 / 事件存在的缺陷或不足。这是复盘对绩效提升最直接效应的显现。例如，在我所经历的联想 ERP 项目进展过程中，曾进行过多次复盘会议，每次会议之后，项目组都立即对前一阶段发现的问题采取补救措施，有力地保障了项目的质量。

同时，如果复盘能够真正到位的话，不能只是"就事论事"或"一事一议"（case by case），还应该发掘影响团队效能提升的关键要素或根本原因，并加以改进，实现更长久的改善。例如，联想 ERP 项目虽然一开始困难重重，甚至发生了重大的波折，但通过复盘，项目组内部逐渐建立了坚实的信任和深厚的友谊，并对 ERP 这类企业管理信息化项目的本质规律有了充分的理解，项目后几个阶段的推进非常稳健，确保了该项目的成功。

2. 发现并解决共性问题

万达通过对不同万达广场建设期的复盘，总结、发现了一些共性问题，并通过相关部门的研究，提出相应的改进措施（参见附录C）。这也是复盘的重大价值体现。

尤其是对于一些工作／项目而言，可能无法再进行项目／工作范围内的改进，项目组也被解散、重组，不再延续，但是，如果组织内部存在一个部门或机构（如企业大学、人力资源部、企划部、知识管理中心等），对整个组织范围内的复盘工作进行统筹和集中管理，它就可以发现相同或相似项目／工作上存在的共性问题——这些可能是组织层面存在的待改进之处，有些已经超出了单个团队或局部的控制范围，通过整体的改进，可以取得更大范围和力度上的改善。例如，如果是某些工作流程或规范存在"缺陷"或"漏洞"，那么很多项目都有可能出现问题，而通过组织层面的统一修补，可以解决很多部门／项目的问题。

此外，对于有些团队复盘中得出的改进措施，也可能需要组织其他部门的配合。这时，复盘统筹部门也可以发挥作用。

3. 优化组织制度／流程／规范和文化

对复盘中暴露出的重大问题，特别是多次复盘发现的共性问题，相关部门可以组织专题研讨，从制度、流程、规范乃至企业文化（价值观、信念）等方面进行检讨，寻找潜在的缺陷或漏洞，寻求解决方案，提升整个组织的运作效率。

对此，在本书第 1 章，笔者介绍的联想集团通过复盘来快速制定、规范和改进制度的案例，就是一个典型代表。附录 C 中介绍的万达案例，也是如此。

用复盘优化企业文化

如上所述，在企业界，复盘或 ARR 经常被误解和误用为一种技术。为什么会这样呢？美国预备军官组织国防教育办公室主任约翰·奥沙上校认为，这主要是价值观和文化之过。"要想真正让 AAR 发挥作用，并得到普及，组织文化必须首先来一个翻天覆地的转变。这种文化转变必须要让组织所有成员参与进来，对集体绩效和个人绩效进行坦诚而专业的讨论……除非影响行动表现的所有因素都检查到了，包括领导者做出的决策，否则 AAR 不会有效果。"⊖

在我看来，复盘与企业文化的关系是紧密相关、双向互动的。也就是说，一方面，如上所述，有效地进行复盘离不开企业文化的支撑；另一方面，持续的复盘也有助于企业文化的改善，从而更进一步推动复盘的持续（参见图 8-2）。

组织文化氛围　　　复盘的质量

对文化的反思与改进

图 8-2　复盘与企业文化相互促进

⊖　John O'Shea. Leadership training concept and techniques: the After Action Review[J].
　　Concepts and Connections，1998，7(1). 转引自美国陆军，美国领导交流协会．
　　美国陆军领导力手册 [M]. 向妮，译．北京：机械工业出版社，2004:60.

复盘本身就是文化

在很多企业中，如联想、华为、阿里巴巴，复盘已成为各级管理者的"标准动作"，成为企业文化的一部分。例如，联想的企业文化很独特，它包括两部分：核心价值观和方法论。核心价值观是联想长期发展所信奉的关键信念，是联想企业文化的根本；方法论是在核心价值观的主导下，联想人思考和解决问题、推动工作的基本方法。

具体来说，联想的核心价值观包括四条：企业利益第一、求实、进取、以人为本；方法论包括三项：目的性极强、分阶段实现目标、复盘。

方法论是联想文化的重要组成部分，而且有其内在的逻辑：目的性极强是说，凡事先厘清目的，保证做的是正确的事；然后，将目标进行分解，使其变得可执行，分阶段推进；在过程中及事后，还要注意不断复盘，及时调整，并为更长远的发展积累经验、总结规律。

从上述介绍可知，**复盘本身就是联想文化不可分割的一部分，是联想方法论的主要组成部分。同时，联想的核心价值观和方法论其他两部分也为复盘的执行提供了有力支持。**

例如，如果大家不能以企业利益作为第一位的要素，而是各自考虑自身利益，那么就可能矛盾重重、相互推诿，复盘就很难进行下去。同时，在联想看来，复盘本身既是求实的体现，也离不开求实的态度（实事求是、不自己骗自己；诚信；求实既是一种态度，也是一种能力）。再有，如果管理者没有进取精神，坚持自身的固有经验，不愿意超越眼前利益，不愿突破自我局限，就不能以开放的胸怀去审视自己的不足、倾听他人的意见，复盘也可能沦为"走过场"或只是"歌功颂德"。

此外，根据复盘的逻辑，如果没有事先明确的计划和目标（也就是"目的性极强"的一个具体体现），复盘也会成为"无源之水、无本之木"。

因此，在我看来，联想的复盘之所以能够应用得好，与复盘本身就是一种文化有很大关系。

同样，美军、万达、阿里巴巴、华为等优秀组织的实践，也证明了这一点。

复盘对组织文化的改变

《美国陆军领导力手册》中指出：要创造一个学习环境是需要勇气的。任何人要尝试新事物，或试图用与众不同的方法行事，都一定会出现一些错误……那些强调"决不允许出错"的领导，或者每次有坏消息就暴跳如雷并"拿信息传达者出气"的领导，最后会发现，当有问题发生时，人们不会再告诉他了，或者不会提出建议。

因此，领导者应该学会从自身及他人的错误中学习。正如联想倡导的那样，一时一事的成功或失败并不是最重要的，重要的是，团队能够振奋精神，判别对错，查找到根本原因，并采取纠正措施。复盘就是一个很好的机制，无论是成功还是失败，都要坦然面对。尤其是错误或失败，更是有价值的学习来源。

事实上，通过复盘，许多领导者会或快或慢地受到影响，学习从团队成员那里获得信息、反馈，倾听下属的心声，欣赏他人的建设性意见，从而逐步改善企业文化和组织氛围。这样会进一步有利于复盘和领导力的提升。

让复盘成为习惯

研究发现，我们人类的很多行为靠的是习惯。如果能够让复盘成为个人和组织的习惯，复盘就会发挥更大的价值。

例如，《美国陆军领导力手册》中指出：重要的是日复一日地坚持下去。除非 AAR 在组织的所有层次上都得以推行，否则，它们会被视为一种可有可无的爱好。始终一贯、上下一致，才能让大家接受并认可。正是由于这个原因，目前军队中大部分演习项目都包括日常的 AAR，在海外军事行动中也广泛地进行复盘。同时，前任总参谋长乔登·沙里文（Gordon Sullivan）将军也没有把自己"豁免"——他也定期参加 AAR，如在上任伊始，他就和下属复盘了住宅经费委员会提出的难题。后来，他们还跟踪、关注政策的实施效果。这些实践使 AAR 成为人们行动中一个自然的任务，并慢慢形成了一种新的思维模式，那就是：参加者对他们的行动进行了反思，理解了成功或者失败的原因，任务才算真正结束。只有这样，学习才能真正地融入日常工作中。

柳传志先生在接受记者采访时也曾表示：要把复盘变成一种工作方法和习惯，既不是定期的制度，也不是重要时刻才进行的反思。就是开任何会、做任何决策，负责人都有复盘的习惯。[⊖]

那么，如何让复盘成为习惯呢？

习惯是如何养成的

在回答这个问题之前，让我们先来看看人类的习惯是如何养成的？

⊖ 王以超，万艳．柳传志："复盘"联想战略 [J].哈佛商业评论（中文版），2012（7）.

纽约时报记者查尔斯·都希格在其著作《习惯的力量》中对这个问题进行了研究，并提出了"习惯回路"的模型（参见图8-3）。⊖

图8-3 习惯是如何形成的

在都希格看来，习惯的养成源于大脑中形成的一个越来越强、继而自动化的回路。这个回路包括以下四个要素：

（1）存在着一些"暗示"，能让大脑进入某种自动运行模式，并决定使用哪种习惯。

（2）跟随暗示的指引，发现一个"惯常行为"，即以某种方式去满足"内心渴求"的行为。

（3）这些惯常行为实施以后，能够获得"奖赏"，即让你的大脑记住这些回路，以备将来使用。

暗示和奖赏连接起来，就会形成一个由暗示、惯常行为和奖赏组成的回路，继而强化因渴望获得奖赏而去寻找或发现更多的暗示。慢慢地，这个回路变得越来越自动化，一有需求或暗示，大脑就会进入自动运行状态，下意识地选择"惯常行为"，并获得奖赏，进一步强化这个习惯回路。这样，习惯就产生了。

（4）习惯的力量是如此之强大，以至于它能够创造出强烈的参

⊖ 查尔斯·都希格. 习惯的力量 [M]. 吴奕俊，等译. 北京：中信出版社，2013.

与意识与欲望，即隐藏在习惯背后的"神经渴求"。

从某种意义上讲，正是内心里存在的渴求驱动着习惯。

都希格认为，大脑无法区分好习惯还是坏习惯，而且习惯无法被根除，也不会消失，它已经嵌入了大脑的结构之中，只能想办法被改变或替代。虽然改变很难，但并非不可能，要创造出新习惯，仍然有一些规律可循：

- 保留旧习惯回路中的暗示，提供旧习惯回路中的奖赏，但是想办法"插入"另外一种同样可以满足渴求的惯常行为；
- 加入一个社群，团队帮助有助于形成信仰，从而改变习惯。

例如，如果你想在每天早上起来晨跑（"惯常行为"），那么你可以：

- 创造一些简单的"暗示"，比如吃早餐前，绑好跑鞋的鞋带，或者把运动衣放到床边；
- 确定一个清晰的"奖赏"，比如通过记录你的运动里程来获得成就感，或在跑步中产生大量的内啡肽。

众多研究发现，只有上述两条是不够的，暗示加上奖赏本身并不足以让新习惯长期持续。只有你的大脑开始预期奖赏（出现对奖赏的"渴求"），渴求内啡肽的分泌或成就感时，你才会自觉地在每天早上绑好跑鞋的鞋带、出去晨跑。

因此，要形成持续的习惯，你还需要：

- 找到触发渴求的方式，比如每天在社交网站上"晒一晒"自己的跑步成绩，和朋友比赛，或加入一个跑友俱乐部，以及任何适合你的方式；

● 加入一个小组，通过团体活动（比如定期聚会、分享彼此跑步的心得、改变），更容易让人们相信改变是可行的，并有助于建立信仰，从而让习惯巩固。

如何养成复盘的习惯

按照这个理论，我认为养成复盘的习惯是完全可行的。主要可参考的做法包括以下几点。

1. 通过一些做法，创造出一些“暗示”

比如，在你的日历或工作安排中事先列上“复盘”的时间；通过手机或邮件订阅有关复盘的动态；在公司例会上，经常进行或提示复盘等。

2. 强化对复盘的“奖赏”

比如，上级领导和组织的认可；在公司网站、知识管理系统里建立复盘专栏，定期刊登各单位的复盘成果，并对优秀复盘给予奖励等。

在这里特别想指出的是，要强化“奖赏”，就要“玩真的”，让复盘真正起作用，而且轻松、简单、好玩，千万不要搞得很复杂或成为负担，或者只是“走走形式”“自己骗自己”，更不要让大家觉得会受到批评，会让自己很难堪。如果是这样的话，从复盘中获得的，就不是“奖赏”，而是痛苦了。那样的话，复盘就很难成为人们的习惯。

3. 将奖赏与内心渴求联系起来

长期来看，要将从复盘中获得的“奖赏”与每个人内心深处隐藏着的对学习与成长的"渴求"联系起来，让大家看到：复盘有助于个人学习与成长；复盘可以帮助个人和团队更好地完成工作；复盘简单而有效。

尽管人们本能地害怕或倾向于回避错误，但一方面，无论在东方还是西方文化中，都存在"从失败中学习"的信念，让大家接受并树立这样的观念，有助于消除对失败或错误的"恐惧"；另一方面，用学习与成长产生的"正能量"来抵消这些本能上的"不适"。

4. 充分利用团队的力量

如上所述，复盘从本质上是一个团队学习的过程，不仅在复盘过程中要鼓励团队的参与，在组织层面上，也要成立复盘实践小组，定期组织复盘学习、复盘分享会以及交流使用复盘的经验和心得。

此外，公司还可以对各级干部和骨干进行复盘方法论和复盘引导技术的培训，为大家创造共同的理解、共同的经历和共同语言，有助于建立集体信念，让复盘更容易地变成习惯。

回顾与练习

1. 按照邱博士的看法,复盘应用有三个阶段,你所在公司处于哪一阶段? 可以采取哪些措施,以进一步推动复盘的应用?

2. 推广复盘并不是哪个部门或个人的事,需要哪些人员一起参与?

  A. 复盘发起人或组织者   B. 复盘引导师

  C. 每一个参与复盘的人   D. 公司领导

3. 对于推广复盘,核心关键是什么?

  A. 各级领导者以身作则   B. 从事件 / 活动层面的落实开始

  C. 将复盘作为一项正式工作   D. 明确责任,分工合作

4. 如何扩大复盘的影响?

  A. 扩大复盘结果的共享范围,让复盘不只是实现某个局部单位的改善, 还对组织中其他团队乃至整个组织产生影响

  B. 增加复盘结果的应用类型,不只是从中学习,还要实现行动的改进和 组织运作深层次的提升与改善

  C. 宣传复盘的理念,做到全员普及

  D. 高管参与,以身作则

5. 如何评估复盘的效果?

  A. 看人们参加复盘会议的现场反应

  B. 看复盘会议的成果质量

  C. 看复盘是否对后续行动有影响或改变

  D. 看复盘是否带来了实际的商业价值

6. 如何养成复盘的习惯?

  A. 创造出一些"暗示"   B. 强化对复盘的奖赏

  C. 激发人们的内在"渴求"   D. 充分利用团队的力量

扫描二维码,关注"CKO 学习型组织网",回复"推广复盘",查看部分参考答案与解释。

第 9 章
•CHAPTER 9•

超 越 复 盘

在复杂多变的时代，要想提升组织学习敏捷度，一方面要把复盘真正做到位，推广开来，嵌入工作流程与项目运作之中，充分发挥其影响力，尽可能地从自己的经验中学习；另一方面，也要善于利用其他组织学习方法，向其他企业学习。事实上，只有搭建起适合本企业实际的、完备有效的组织学习体系，并使其高效运转，才能驱动企业持续、快速发展。

在本章中，笔者提出了"组织学习矩阵"框架，介绍了除复盘以外常见的四种组织学习方法，并基于联想、万达、美军、英国石油公司等组织的案例，提出了搭建组织学习体系的基本构成要素，让你超越复盘，迈向学习型组织。

复盘是重要的，但仅靠复盘是不够的

从复盘的本质上看，这是一种从自己的过去经验学习的方法。虽然通过"试错学习"（trial-and-error）是人类学习的基本途径，彼得·圣吉甚至认为这是唯一的途径，但在当今变化迅猛的时代，仅靠复盘是不够的，无论在学习的来源、覆盖面等方面，还是学习的深度、适应性等方面，都不足以应对环境与竞争的需要。

例如，有人曾质疑说，在当今时代某些行业中，"颠覆性创新"成为常态，不管我们多么善于从过去的经验中学习，一旦竞争对手采用了完全不同的打法，我们就可能会面对巨大的挑战，甚至会出现所谓的"成功者的诅咒"。在新的商业模式、竞争规则面前，越是过去的成功者，"包袱"越重，创新应变的胜算越低。

对此，我认为要一分为二地看。一方面，复盘要是做得到位，可以发现事物的内在规律、觉察到自身固有的局限，完全可以激发甚至引领创新。就像《荀子·非相篇》中所说，"欲观千岁，则数今日；欲知亿万，则审一二；欲知上世，则审周道；欲审周道，则审其人所贵君子。故曰：以近知远，以一知万，以微知明，此之谓也"。由此可见，以同理心洞悉规律，从今天和一两件具体事件的复盘来推测亘古的规律以及事件行为背后的道理，古今皆如此。

另一方面，我们不能闭门造车，完全依靠自己的实践。虽然本书中多处强调了复盘的价值（的确如此），但我在第 1 章就指出了复盘的局限性，在此，我也想郑重地提醒企业家朋友和各位读者：世界上从来不存在一味"万能药"，想指望哪一种方法包打天下，都是幼稚可笑的。

不仅复盘如此，其他任何理论、方法、工具都是如此。

为此，我们应该了解复盘和各种组织学习 / 企业管理方法的价值，知道它们各自的优势与劣势，了解它们的适用条件与局限性，在你需要的时候选择正确、恰当的方法，将其做到位，发挥其应有的价值，才是企业家睿智的体现，是管理者的职责所在。

组织学习矩阵

组织学习有很多分类方法。按照学习的来源（过去或现在）与渠道（内部或外部），我们可以将组织学习机制分为四类（参见表 9-1）。

在表 9-1 中，从自己过去的行动中进行学习即复盘，它在整个组织学习体系中具有重要意义，因为按照对成人学习的研究，从工作实践中学习是最主要的途径和方式。但是，毫无疑问，复盘只是组织学习体系中的一部分。

除复盘之外，其他几种常见的组织学习机制包括：U 型理论、情景规划、标杆学习、开放式创新。

表 9-1　组织学习矩阵

	从过去中学习	从即将涌现的未来学习
依靠自己 / 内部	复盘	U 型理论、情景规划
向他人学习 / 外部	标杆学习	开放式创新

资料来源：邱昭良绘制。

U 型理论

U 型理论（Theory-U）是关于人类、团队、组织等社会主体学习、创新与变革的深层次过程与源泉的指导框架与方法论，由麻省理工学院（MIT）资深研究员奥托·夏莫基于 10 年的研究于 2004 年提出，经过近十年来的实践与不断发展，U 型理论开始受到越来越多实践者的关注。例如，近年来，无论是在一些领导力发展项目上，还是现在炙手可热的"私人董事会"，U 型理论都开始得到应用。

　　不同于向过去的经验学习，U 型理论认为，我们需要"面向正在生成的未来学习"，这是学习的两个源头。前者容易理解，后者其实也是建立在对当前系统"场域"的深入观察、感知的基础上，但是需要人们实现"注意力结构的转移"，停止"下载"模式、搁置判断，在场域中感知，"放下"（letting-go）内心诸多的假设、规则与成见，与自己最高的潜能、"大我"以及生命的"本源"（source）连接，经历"自然流现"（presencing），然后"接纳"（letting-come）浮现出来的自己最想创造的未来，再经过一些步骤，使你想要的未来渐次"展现"出来，促成深层次的创造和变革发生。整个过程要历经暂悬、转向、放下、自然流现、接纳、结晶、原型与体制化七个步骤，其形状呈现出一个巨大的"U"型，如图 9-1 所示。这也是"U 型理论"得名的原因。⊖

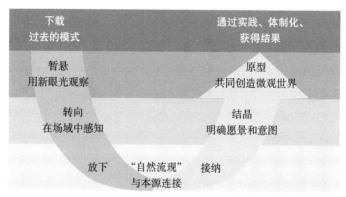

图 9-1　深层次学习与创新的 U 型过程

资料来源：邱昭良根据 Scharmer（2004）编译、绘制。

　　⊖　参见奥托·夏莫 .U 型理论 [M]. 邱昭良，等译 . 北京：中国人民大学出版社，2008.

情景规划

情景规划（scenario planning）最早被用于军事行动前的推演，在第二次世界大战前后，兰德公司将其运用于商业领域。20世纪60年代之后，因为它在壳牌（Shell）石油公司的传奇应用而声名鹊起，受到越来越多企业的重视。

20世纪60年代中期，由于多项规划无法达到预期效果，壳牌石油公司开始对情景模拟的概念产生了兴趣。他们最初把情景模拟当作一种新的规划方法，以取代传统上简单、线性地预测未来的方法。虽然一开始并不"显山显水"，甚至被很多管理者认为有些"儿戏"，但其开发的几则情景打破了人们习以为常的思维模式，让高管在头脑中预先模拟过了多种可能性以及相应的对策。因此，当1973年第一次世界石油危机发生时，壳牌石油公司可以以更快的速度调整公司策略，更好地应对变化，从而从世界七大石油公司末座一跃成为翘楚。壳牌石油公司一位高管这样评论道："比起我们过去运用的预测技术，情景规划能够更好地引领人们思考未来。"

就像"情景"（scenarios）被用于电影行业一样，它指的是对某一事物或系统各种可能状况的详细描述，而不只是简单地进行预测。因而，情景规划指的是通过对行业环境中关键不确定性因素的深入、系统分析，开发出未来可能发生的几种情景，然后基于这些情景构想公司未来的战略路径。

据波士顿咨询集团（BCG）的看法，现有的战略规划过程太多地关注于分析现有市场和竞争对手，而不是探究、分析有可能导致颠覆式创新的新进入者或商业模式。这其实是危险的，无法满足应对未来竞争的需要。相对而言，就像高明的棋手总是能清晰地想象未来几步对弈的局势一样，情景规划也让各级领导可以想象（不是预测）未来可能发生的一些情景，从而做到"有备无患""处乱不惊"。更重要的是，这些情景并非凭空想象出来的，而是基于对环境的审慎分析，找出关键的不确定性因素，并采用科学、合理的逻辑与方法。这是集体智慧的结晶。基于情景的战略推演，更是一系列主题明确、高度"烧脑"的集体对话、研讨过程。

实践表明，情景规划是一套在高度不确定的环境中帮助企业做到高瞻远瞩的方法，它不仅可以帮助高层领导者进行一系列战略研讨与决策，也有助于促进领导者心智模式的改善以及进行前所未有的创新。⊖

情景规划和复盘的区别如下所示。首先，复盘的学习来源于自身、过去的经历；而情景规划的学习来源于企业自身、尚未发生的未来。其次，情景的开发与研讨通常是一个长期持续的过程，需要企业投入较多的资源，并借助于外部专家。因此，它应用起来比较"重"，不像复盘一样简单易行。再次，情景规划主要应用于中长期战略规划以及高度不确定性环境下的创新，而复盘应用范围很广泛。

尽管如此，情景规划也是一种重要的组织学习机制，有其自身独特的价值，值得关注。

标杆学习

在中国，我们经常听到的一句话是：榜样的力量是无穷的。"取人之长，补己之短"，向他人学习，尤其是向先进、优秀学习，是一种重要的学习方法，也是个人与组织进步的途径之一。标杆学习

⊖　凯斯·万·德·黑伊登. 情景规划 [M]. 邱昭良，译. 北京：中国人民大学出版社，2007.

（benchmarking）就是一种系统化的向他人学习的方法。

20 世纪 70 年代末，施乐公司发现日本的复印机与自己的产品功能相近，但价格却大幅低于施乐。这导致当时施乐的市场占有率从 70 年代中期的 80% 降到 70 年代末的 30%。于是，施乐派出了一个考察团，到日本企业参观学习，了解日本厂商生产制造与运作过程，试图找到一个"基准点"，从而明确自己的行动目标。通过了解自己、了解对手以及行业中一流企业的最佳实践，对其进行研究和学习，使其产品的缺陷率、生产成本等大幅降低，生产周期大大缩短，重新夺回了被日本企业占领的市场。这就是标杆学习的力量。

标杆学习也被译为标杆管理或对标，是企业通过系统的流程，将自己的产品、服务和经营管理方式，与行业内或者行业外优秀企业的最佳表现或实践进行比较，找出差距，制定措施，实现持续改进的一种方法。

作为一项非常成熟、有效的工具，标杆学习因其巨大功效而风靡一时。据 MIT 和 APQC 统计，到 1995 年，美国绝大多数大公司都开展了不同类型的标杆学习活动；2005 年，美国贝恩（Bain）公司的调查表明，标杆学习的使用比例已经达到 80%。

开放式创新

在当今世界，未来是不可预测的，变化是唯一不变的，要想有效应对未来的不确定性，就要锐意创新。唯有如此，才能"以不变应万变"。但是，大家都知道，创新是有风险的，失败率很高，对于企业来说，如何能够以可控的风险和成本来获得最大程度的创新收益，是一项现实的挑战。

在这方面,世界快消品巨头宝洁(P&G)的"开放式创新"是一个不错的策略。

⊙ 案例 宝洁的开放式创新

2000 年之前,宝洁一直坚持传统创新模式:以自有研发力量为中心,创新来源于公司四面高墙之内。然而,面对高速变化的市场需求,传统创新模式渐显疲态。一方面,品牌的增多拓宽了消费者的选择范围,创新产品的生命周期大大缩短,同时也意味着失败概率的增加;另一方面,研发生产力水平下降,越来越多的研发费用带来的却是越来越少的回报。在严峻形势下,宝洁决心重新构建一个更为高效的创新体制,一个重大举措就是:打开大门,从公司外部寻求创意。2000 年,新任 CEO 雷富礼提出,要让 50% 的创新想法来自公司外部。

为此,雷富礼提出了"开放式创新"的概念,将宝洁的研发(R&D)改为"联系与开发"(C&D)。联系与开发最大的特点就是让所有宝洁人都愿意抱着开放的心态,认真考虑源自任何地方的新思想、新想法,从而建立一个真正开放、全球化的创新网络。

在宝洁看来,尽管全球绝大多数最聪明、最有才华的人都不是宝洁的员工,但他们完全可以为公司所用。实行开放式创新以来,宝洁降低了研发费用和失败的概率,缩短了从发现市场机会到获得收益的时间。在开放式创新之初,宝洁大约有 20% 的创意、产品和技术来自外部,而现在这一比例已提高到大约 55%。通过开放式创新,公司的研发能力提高了近 60%,创新成功率提高两倍多,而创新成本却下降了 20%。⊖

⊖ 陈颐.宝洁:"联发"让企业如虎添翼 [N].经济日报,2010-01-09.

以复盘为基石，搭建组织学习体系

实践表明，复盘是一种有效的组织学习与知识管理机制，不仅可以萃取组织中各个局部单位、每一项工作/每一次行动中的知识（经验与教训），而且可以实现更大程度的知识共享。因此，以复盘为基石，可以搭建完备的组织学习体系，使组织成为一个学习型组织。

事实上，无论是美军、英国石油公司，还是联想、万达、华为、谷歌等，都是这方面的典范。这也是充分利用复盘，将其纳入组织运作的"体系"中，形成机制化、迈向"复盘 3.0"的重要措施。

⊙ 案例 美军以 AAR 和 CALL 打造"数字神经系统"

因为意识到变化是种常态，美军非常强调坚持不懈的学习，把这作为迎接变革挑战的一个必要条件。在哈佛大学戴维 A. 加尔文看来，美军是少数几个能形成制度化的组织学习体系的机构之一，尤其是在集体层面上。

尽管机构庞大、内容众多（如美军的 AKO 是世界上最大的内部网之一）、涉及部门众多，看起来非常复杂，但从本质上看，美军的组织学习体系非常简单，如图 9-2 所示。

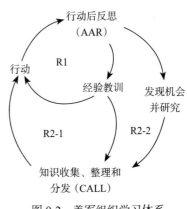

图 9-2 美军组织学习体系

简言之，这一系统的运作与美军的训练和作战行动是紧密相关的，在局部单位和整个组织层面，形成了三个闭环的、自我增强的体系。

（1）由于建立了覆盖整个组织、分层分级实施的 AAR 体系（各级军官均接受过 AAR 引导训练），每一次行动后，都可以快速进行行动后反思，获取知识，促进各个局部单位行动能力的提升和行动的改善，如图 9-2 中的 R1 所示。这就是本书所讲的复盘对行动的持续促进。

（2）在复盘的基础上，美军建立了"经验学习中心"（CALL），从各个单位收集 AAR 得到的经验教训，并进行加工、整理，再分发、传播出去，让各个单位不仅从自己的行动中学习，而且获得整个组织所有其他部分的知识，以提高行动的效能，如图 9-2 中 R2-1 所示。

（3）美军经验学习中心不只是收集各单位 AAR 所获得的知识，它还主动地发现改进的机会，并和内外部机构进行合作研究，以更快地获得前瞻性知识与洞察力，应对未来战争变革和美军整体战略的需要，如图 9-2 中 R2-2 所示。

美军的智慧海：美军经验学习中心[⊖]

位于美国堪萨斯州利文沃斯的美军经验学习中心（CALL）成立于 1985 年，其宗旨和使命是收集并分发实战经验教训，以便使个人或作战单位的发现变成整个组织可利用的知识，来提高整个美军应

⊖　戴维 A. 加尔文 . 学习型组织行动纲领 [M]. 邱昭良，译 . 北京 : 机械工业出版社，2004.

对未来挑战的能力。

CALL 的职责

CALL 最初的职责是获取国家训练中心积累的经验教训，后者曾长期为军队提供仿真战争演练，以检测军队的状态和技能。后来，随着军队的使命拓宽到"除了战争之外的军事行动"——在索马里、波斯尼亚和海地，以及救火、抗洪和其他救灾行动，CALL 也负责从这些经历中汲取教训。今天，CALL 观察组成为出现在美军任何军事行动现场的第一批人员之一。它收集新实践和新技术的现场信息，识别问题和麻烦，从各种方法中分辨出有效的方法，并与他人共享他们的发现。据 1994 ～ 1996 年的 CALL 主管奥瑞 A. 奈格尔（Orin A. Nagel）上校所言：

CALL 站在美军知识的十字路口。我们既是信息的提供者，也是信息的收集者。我们愿意把自己看作一种管道，来连接军队中千百个地方正在发生什么和你所在的地方需要知道什么。

概括而言，CALL 的职责包括以下几项内容。

- 识别、收集最佳实践：从美军在全球各地的训练和军事行动中，识别、收集最佳实践和经验教训，汇集到这个经验学习中心。
- 定向研究：从服务美军战略、战术行动出发，主动进行定向研究。
- 分析、发布和传播：将最佳实践、知识经验以及研究中得到的新知识，传播到全球每个作战单位里面去。为此，它和美国国家训练中心合作，训练各级军官学习使用 AAR

引导技术。

- 知识管理:为了促进知识的存档、分享和管理,它搭建了世界上规模最大的内部网信息门户,跟美国很多机构都保持着双向的信息交换和连接,包括中央情报局、国防部、世界和平组织、美军战略战术研究图书馆、国家遥感中心等,很多情报都通过这个信息门户进行交换、双向分发。同时,通过美军知识在线(AKO)、在线学习系统 ArmyEdu 等,让美军每一个成员可以随时随地地进行在线学习。此外它还举办研讨、培训、采访等活动。

CALL 是美军制度化的"记忆"系统——"它是永远停留在你身边的老朋友,是最老雇员办公桌最底层的抽屉"。它是一个知识库,用户有三种类型:①正在现场执行任务的作战单位;②正在训练或备战的单位;③其他有可能使用这些知识的军事单位,也许在明年或者以后当类似事情再次发生时,它们能够利用这些经验和教训。

通过这样整体的设计与运作,美军搭建了完备的组织学习与知识管理体系,如同强大的"数字神经系统",支撑着组织知识的积累、使用与更新,使得美军成为一家学习型组织,可以快速学习、提升能力,应对未来复杂多变的未知挑战。

CALL 的运作

尽管得到的授权很大,CALL 本身却并不大。它分成以下六个部门:

(1)经验学习部门,负责开发和传播从实际军事行动和重大演习中获得的经验教训；

（2）战斗训练中心；

（3）信息系统部门，支持 CALL 的硬件和软件；

（4）研究部门，设计和维护 CALL 的数据库和文献存储与获取系统；

（5）外军研究办公室，提供高质量的军队安全评估；

（6）下一代大学部门，负责从公众、学院、私营单位和军方等来源搜集最佳实践和技术。

总之，CALL 整个系统构筑于科学而专业的基础上，与复盘有机结合，并超越复盘本身，构成了一个完整的组织学习体系。

英国石油公司组织学习体系

英国石油公司非常重视知识管理，也通过知识管理获得了很大价值。仅 1998 年，BP 知识管理负责人科里逊和他的小组利用知识管理方法，就为 BP 阿莫科公司节约了 7 亿美元。正如 BP 前任 CEO 约翰·布朗爵士所说："BP 之所以能够成为引人注目的行业领先者，是因为它提倡不论部门大小，都要致力于学习和掌握知识……学习是企业获得竞争优势的催化剂和根本来源。"

因为 BP 基本上是按照项目方式运作的，所以，它将知识管理与项目运作整合起来，通过专家黄页、知识库、同行协助、实践社群、行动后反思以及项目复盘等简单实用的方法，实现了做前学、做中学、做后学的完整架构和闭环体系，成功地把知识管理与业务目标结合起来（参见图 9-3）。

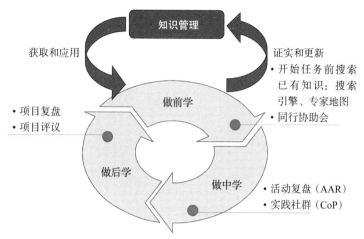

图 9-3　英国石油公司知识管理框架

1. 做前学

在上述框架中,"做前学"是通过搜索引擎、专家黄页两种机制,让使用者找到以前的项目复盘文档、有过类似项目经验的"专家"。BP 相信,当我们准备做某件事时,公司里面或外面可能已经有人之前做过类似事情了。因此,要通过适当的方法来促进知识的重复使用。

同时,它还会在项目正式启动前召开"同行协助会"(peer assist),让有相关经验的同行面对面地交流,集思广益。

⊙ **案例　英国石油公司"同行协助"**

BP 相信,知识的传递主要是通过人与人之间的当面交流,而不是通过电话、邮件或其他远程方式发生的。为此,它鼓励人们聚在一起,在项目开始之前,就你的项目计划、策略、所用方法等进行研讨。这样的交谈可能价值千万,因为可以防止"犯过去曾经犯过的错误"。

在 BP，这样的做法被称为"同行协助"，即一个要求得到帮助的小组，邀请在相关方面有经验或专长的其他部门的人员，召开一次研讨或座谈，共同分享他们的经验、观点和信息。之所以称为"同行协助"，是因为约翰·布朗爵士相信：等级制度会阻碍思想的自由交流。人们对于自己的同行（同事）会更加开放，他们平等相待，相互之间会更愿意分享和倾听。

一次同行协助会应该：

- 以解决一个特殊的问题或技术难题为目标；
- 从项目组以外的人那里获得帮助和新观点；
- 找出所有可能的解决问题的办法以及新视角；
- 倡导相互学习的氛围；
- 在员工之间建立相互联系。

按照 BP 的经验，准备同行协助会有以下 12 个步骤：

- 明确目的；
- 查看是否有人已经解决了这个问题；
- 任命一名联系人；
- 根据时间进度，安排会议日期、日程；
- 挑选会议参加人；
- 清楚地定义你希望达到的目的，以及你准备怎么做；
- 让大家相互熟识；
- 花点时间营造良好的环境，明确目的和规则；

- 从分享信息和背景条件开始；
- 鼓励参与者提问，对他们关心的问题给予相应的反馈；
- 分析并总结你所学到的东西；
- 综合所有的反馈，在行动方案上达成共识。

2. 做中学

如同本书主题"复盘"所讲，行动本身就是宝贵的学习来源。因此，在项目进展过程中，要及时通过活动复盘，在团队层面上"边做边学"（learning by doing）。例如，BP越南公司就引入AAR方法，在河内的办公室建立了一间专门的项目研究室——"实战室"，堆满了各种项目文件和进度计划，每天和越南政府谈判结束后，人们就聚到这个房间，列出谈判过程中碰到的实际问题，探讨下一步的行动。每周，项目组都进行复盘，并向管理层汇报，重新思考、及时调整谈判策略。就这样，他们在谈判中学习如何进行谈判，有效推动了项目进展。

同时，BP内部还建立了"实践社群"网络，可以让项目组与组织内其他成员，尤其是与你有类似或相同实践的同行，共同学习。实际上，正如上一章"扩大复盘的影响"所讲，"实践社群"放大了复盘的价值，加速了复盘成果的传播和利用。

3. 做后学

我们的大部分行动都不会是一次性的事件。做完一个项目之后，我们要及时进行阶段性复盘，总结并分享上次项目的经验与教训。

为了便于知识被重复使用，我们不能让这些经验与教训只保留在人们的头脑中，而是应该把它们保存起来，以知识库或专家黄页的方式，以备将来有需要的时候被检索或"连接"起来。

这样，虽然项目结束了，但知识的循环被建立起来了，形成了一个完整的知识管理体系，推动了组织的学习与发展。BP从中受益匪浅。

组织学习体系的基本要素

基于上述案例和我的研究，我认为，复盘是组织学习体系中不可或缺的一个环节，可以复盘为一个元素，搭配上群策群力、协同执行和知识管理，来搭建闭环的组织学习体系（参见图9-4）。

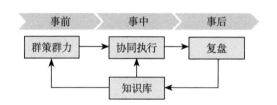

图9-4 组织学习闭环体系构成要素

群策群力

如同BP的"同行协助"，在行动之前要集中大家的智慧，充分利用组织中已有的知识，集思广益，周密谋划，"不犯曾经犯过的错误"。

在实际操作过程中，如果有系统的复盘资料管理系统，可以更方便地找到有过类似项目经验的人以及复盘报告，"站在巨人的肩膀上"，从而增强群策群力的效果。

协同执行

一旦明确了行动方案、项目启动之后，每个人都要从行动中学习，快速提升自己的能力，按照任务分工执行到位。同时，团队作为一个整体，必须加强沟通，确保整体行动协调一致。

如本书许多案例所显示的那样，在项目执行过程中及时进行复盘，"小步快跑"，快速迭代、改进与创新，也是快速提升团队协同作战与执行能力的有效方法。

复盘

无论是具体的事件／活动，还是项目推进到某个阶段或结束后，都需要快速地进行复盘，总结得失，并及时调整。

知识库

要将包括复盘结果在内的组织知识有效地管理起来，一方面便于复盘结果的"应用"、事后备查，另一方面可以扩大知识的共享范围，促进知识的重复使用以及验证、更新。

在 BP，实践社群、"联系"（connect）网络以及内部知识库，都是知识管理系统的组成部分，与业务／项目整合起来，也发挥了重要作用。

除此之外，在许多企业中，还有一些更简单常见的方法，如"微课"、绩效支持系统等，这些都是积累、留存、管理知识的有效方法。

回顾与练习

1. 邱昭良博士提出的"组织学习矩阵"包括哪些构成要素？

   A. 复盘　　　　　　　　B. 情景规划　　　　　　C.U 型理论

   D. 标杆学习　　　　　　E. 协同创新

2. U 型理论和复盘的区别是什么？

   A. 学习的来源不同

   B. 学习的过程与机理不同

   C. 一个是向自己学，一个是向他人学习

   D. 二者是相互矛盾的，不能并存

3. 要搭建组织学习体系，核心要素有哪些？

   A. 群策群力　　　　　　B. 协同执行

   C. 复盘　　　　　　　　D. 知识管理

4. 请思考除了复盘，在你所在的机构中，常见的组织学习方法有哪些？它们和复盘有哪些关系？

扫描二维码，关注"CKO 学习型组织网"，回复"超越复盘"，查看部分参考答案与解释。

附录 A

·APPENDIX A·

复盘画布™

为便于大家操作，许多公司／机构都梳理了复盘的模板。例如，2011 年，联想集团在全球范围内推广复盘，基于复盘的步骤和要点，梳理了一个复盘模板；之前，巴克曼实验室也总结过类似模板。

对照这些模板可以看出，虽然略有差异，但它们都遵循本书第 2 章所述的复盘的一般过程与基本逻辑。基于我在多家企业的实践，我为大家提供一个表格，可作为复盘过程引导框架参考使用，我将其称为"复盘画布™"（参见表 A-1）。

表 A-1 复盘画布™

主题:		时间:	
地点:		参加人:	
事件/活动概况描述:			
1. 回顾目标	2. 评估结果	3. 分析原因	4. 总结经验
初衷:	亮点:	成功关键因素:	关键发现:
目标/关键结果:	不足:	失败根本原因:	行动计划:

模板使用说明

在使用上述模板时，应注意以下事项。

● 此表仅供复盘引导和呈现参考，不能把复盘简化为填表的过程。

● 此表更适用于事件/活动复盘，对于一些大的项目、复杂事件或战略复盘，此表只是列出了复盘的逻辑框架和必备要素，可作为复盘会议设计、组织、引导的参考，不能用于最终的呈现。

● 在实际使用时，需要自上而下、从左至右地进行研讨引导。也就是说，先填写一些概要信息，然后按照步骤 1～步骤 4

的顺序来讨论。

- "初衷"是相对宽泛一些的描述,是做某件事/项目最初的目的、出发点;"目标"是具体的描述,是衡量目的是否达到的指标,最好符合 SMART 法则(具体、可衡量、可实现、相关、有时限);如果难以有量化的目标,至少要列出阶段性的重要事件或"里程碑",以衡量事件/项目的进度或成败。

- 在评估结果时,既要考虑做得好的一方面("亮点"),也要找出失误、失败或未达预期的地方("不足")。评估"亮点"或"不足"要以目标为基准,可以兼顾过程中超出预期或一般水平的行为或表现,以及明显不理想、有缺失或待改进的做法。

- 对成功和失败原因的分析,既要考虑客观原因,更要深挖主观原因;同时,对于一些复杂的因果分析,可参考使用"鱼骨图""五个为什么"或"思考的罗盘 ™"等工具(参见附录 B),也要把握关键,不必纠结于细节。

- 在制订"行动计划"时,要有具体的行动措施、时间表、责任人,不要泛泛地罗列一些看起来都对、实际不知如何去做的"虚话"。

- 根据联想的经验,在研讨后续行动时,可以考虑如下三点:"开始做什么"(有哪些新的发现或补救行动)、"停止做什么"(可能是不再奏效或被验证不当的一些措施)、"继续做什么"(推进到位或需坚持、发扬光大的地方)。

- 在巴克曼实验室的模板中,强调了两类经验教训:哪些需要改进,哪些值得坚持。

附录 B

•APPENDIX B•

团队复盘引导常用方法与工具

虽然在复盘过程中可能用到的方法与工具有很多，例如美军在正式 AAR 过程中可能用到录音录像设备以及其他专业设备、设施，涉及工程建设、大型现场活动的复盘可能会用到沙盘、地形图等模型，但对于企业实践而言，大部分复盘无须什么复杂、专业的设备和工具，主要发生在工作现场或办公室环境中，以团队引导类方法与工具为主。

基于我个人的实践经验，我认为下列 10 种方法与工具简单便捷、行之有效，基本上能够满足复盘全过程的需要。

提问

不管对引导师的核心技能描述有多少，其中都离不开提问。提问是引导师最主要的工作方式，是引导师的核心技能；引导过程本质上就是一个提问的过程。

因此，提问在整个复盘的引导过程中都发挥着重要作用。毫不夸张地说，有效的复盘就是在一个接着一个到位的提问中展开的。不仅其核心的四个步骤主要靠提问来引导，而且对一些重要的或敏感的深层次问题，也需要借由提问来发掘和深化，促进人们反思。

有效提问规则

为了提出高质量的问题，在提问时须遵守下列规则。

- 问题清晰、简洁，一次只问一个单一的主题；尽量避免问题表述模糊，模棱两可，或一次涉及多个主题。
- 提出能激发对方思考的问题，而不是简单或不相关的问题。
- 选择恰当的时机，基于参与者的背景和状况，提出恰当合理的问题，不要出现提出的问题无人回答的尴尬窘境。
- 保持问题的连贯性（不同问题之间有一定关联关系），不要"东一榔头，西一棒槌"地毫无章法。
- 态度诚恳、切中主题，千万不要在问题中隐藏你的倾向或有诱导嫌疑，更不能让大家感到受到嘲讽、驳斥等不舒服的感觉。
- 保持开放的心态，不要主观臆断，或预设答案。

开放性问题 vs. 封闭性问题

从某种角度看，提问既是科学，也是艺术。虽然有一定的规则，但对于不同的人、在不同场景下，为了达到特定的目的，需要采用不同的提问方式。在这方面，有很多实操技巧。其中，最为基本的是使用开放性问题或封闭性问题（参见表 B-1）。

表 B-1 如何使用封闭性问题和开放性问题

何时使用封闭性问题	何时使用开放性问题
确认理解一致 "是不是大家都了解我们的会议议程?"	**鼓励头脑风暴和创造性** "要解决这个问题,你有什么看法?"
验证特定信息 "你认为你需要多长时间完成这一步?"	**引导大家吐露真情** "其他人怎么看?"
确认同意 "是否大家都同意这三项最为优先?"	**介入** "大家隐瞒了哪些想法和观点?"
鼓励表达不同观点 "是否还有不同的观点?"	**促进开放与信任** "对于保密的事,你建议如何做?"
验证团队成员的需求 "大家看起来有些累了,我们现在要不要休息一下?"	**鼓励安静或不情愿的人员** "小张,你对此的感觉怎样?"
确认任务或目标 "这些是不是今天会议的真正目标?"	**探究更多信息** "关于这件事,你还能告诉我们什么?"

说话棒

在团队对话时,一个普遍存在的问题是"开小会",很多人都在讲,缺乏倾听,导致集体沟通效率低下。对此,可以使用一个简易的工具——"说话棒",提高集体对话质量。

说话棒最早是由北美印第安人在部落会议时所使用的工具,它是一个有装饰物的长木棒。持有说话棒的人是唯一可以发言的人;只有拿到说话棒,个人才可以说出自己的想法或意见。发言完毕,可以将说话棒依次传递。

虽然说话棒的原理与操作非常简单,看起来似乎会降低沟通的效率,但事实证明,它是一种非常有效的促进聆听、提高对话效率与效果的辅助工具。

说话棒的使用非常简单,大致可划分为以下几个简单的步骤:

- 由主持人或引导人宣布事先准备的一种物品或现场可使用的

物品作为说话棒，并声明说话棒的意义及使用规则。与会者可以就规则进行提问，或选择、设定具体的使用方式，但均应同意遵守这些规则。

- 拿到说话棒的人针对特定主题发言，对着整个集体说话，其他人应认真地聆听，不许插话。自己若想发言，可等正在发言的人发言完毕，举手示意或去拿说话棒。
- **说话棒的传递通常有三种方式。**①发言完毕后，将说话棒放到中央，由希望发言者捡起，或转交给其他举手示意者。②发言者亦可主动将说话棒交给场内的其他人，邀请其分享对议题的看法，或是沟通、交流更多信息。③亦可依次传递说话棒，若有话就说，否则可将其传递下去。
- 持有说话棒的人发言要简明扼要，不能长篇大论。在会议过程中，主持人可在不持有说话棒的情况下对过程进行干预（如善意地提醒或打断长篇大论者，或制止跑题、指责他人等状况），但主持人要想对讨论的议题发表观点或补充信息，则应在持有说话棒时才能发言。

世界咖啡汇谈

复盘的质量在很大程度上受集体对话质量的影响。世界咖啡汇谈是一种结构化的团队研讨方法，可促进团队研讨的质量。

世界咖啡汇谈（world cafe dialogue）是一种集体对话、交流方法，其核心在于营造一个安全、和谐的氛围，让参与者敞开心扉，针对特定的问题展开深度对话和交流，从而实现"意义的流动"。世界咖啡汇谈是进行深度对话、激发集体智慧的有效方法。

实践经验表明，对于重大项目复盘、经营与战略复盘，参与者众多，也可能存在诸多不同看法。为此，除了进行分组、运用头脑风暴法或团队列名法进行讨论之外，也可运用世界咖啡汇谈，进行更充分的研讨。尤其是为了增进相互了解、促使大家达成共识，或者以更多角度分析根本原因、分享经验、激发创新，世界咖啡汇谈有很大的价值。

一般来说，引导一次世界咖啡汇谈共分四步（参见图 B-1）。

1. 开场	2. 研讨	3. 换组	4. 分享
• 选定拟讨论的课题 • 4～6 人分为一组 • 每组推选一名"桌长"（或称"咖啡馆馆主"） • 宣布汇谈程序及规则	• "桌长"组织大家相互认识，简要介绍本组的话题，组织大家进行研讨，并用文字、图画等方式记录下重要观点 • 第二轮及之后，"桌长"需向新成员简介以前轮次研讨的主要观点	• 一段时间后，每一桌除"桌长"之外的其他人都要分散换到其他小组，和新的一组人共同探讨该组的话题 • 基于不同议题，每轮对话一般持续 20 ～ 30 分钟，根据时间长短，一般需轮换 3 ～ 4 轮	• 各组"桌长"对几轮对话的情况进行总结，并向全体参与者介绍研讨成果，分享集体的发现

图 B-1　世界咖啡汇谈的引导步骤

世界咖啡汇谈的原则

按照世界咖啡汇谈发明人朱安妮塔·布朗（Juanita Brown）和戴维·伊萨克（David Isaacs）的总结，世界咖啡汇谈要遵循下列七项原则（或称为"礼仪"）。

- 设定情景（理清目的、合适的参与者、基础信息与外在因素）。
- 营造出宜人好客的环境空间。
- 探索真正重要的问题。
- 鼓励每个人都积极投入和贡献。
- 欢迎多元化的观点，探索不同观点之间的连接。
- 共同聆听不同观点背后的模式、理由以及更深层次的问题。
- 收获与分享集体智慧。

头脑风暴法

在分析原因、寻找解决方案的过程中，离不开激发大家的参与，快速征集到大量的想法。对此，头脑风暴法是一种常用的方法。

所谓"头脑风暴法"（brainstorming），指的是一群人在短暂的时间内，获得大量构想的集体讨论方法。这一方法由一家广告公司的管理者奥斯本（A.F.Osborn）提出，目的是汇集集体的创意，形成各种各样的想法和可供选择的解决方案。

头脑风暴会议组织起来相对比较简单，并没有特别的步骤或程序，只需在陈述清楚议题之后，申明原则，然后让大家自由发言，并将各种想法记录下来。但是，实践表明，要开好一次头脑风暴会，需要坚持下列四项原则。

（1）鼓励创新：鼓励参加者自由互动，提出具有创造性的想法，不管它们是如何的独特或新奇。

（2）绝不批评：就头脑风暴法而言，没有所谓的"坏想法"。在研讨会过程中，不对任何主意（点子）做积极的或消极的评断。

（3）数量优先：鼓励大量的想法，越多越好，不必在意想法的"质量"。

（4）允许嫁接：追求想法的结合和改进，鼓励团队成员受他人启发而产生新的想法。

团体列名法

由于头脑风暴法会议组织起来比较自由，尤其是成员的参与度参差不齐：有的人过于积极，有些人没有太多贡献。为此，在标准头脑风暴法的基础上，人们做了很多改进，"团体列名法"就是其中之一。

团体列名法（也被称为"名义小组法"）是一种更加结构化的头脑风暴法，避免了因"大嗓门效应"而影响真正有创造性的想法产生，也就是说，有时候集体研讨会被少数活跃人（如领导、专家、个性张扬或想法较多的人等）控制，多数人丧失发言机会。

除了遵守基本的头脑风暴法原则之外，团体列名法增加了一些规则和步骤的约定，即所有小组成员在规定时间内独立思考，并使用便笺纸记录下自己的观点，然后轮流依次发言，直到穷尽所有的观点；在此基础上，进行民主决策（具体操作步骤如图 B-2 所示）。

鱼骨图

任何问题的产生原因可能都有很多：直接或间接的，主要或次要的。如果没有一种方法对这些原因进行梳理，就可能陷入混乱，"眉毛胡子一把抓"。为此，鱼骨图是一种简单有效的可视化方法。

1. 主持人开场

- 陈述并澄清议题
- 规定时间并安排计时员
- 安排记录员
- 说明规则
- 鼓励所有人思考

2. 个人独立准备

- 规定独立准备时间及每个人需提供的观点数量
- 小组成员独立思考并在便笺纸上记录自己的观点,不允许讨论
- 创造一个安静的环境,主持人一般不在这个过程中说话

3. 小组分享

- 按顺序轮流发言,一次只讲一条
- 别人讲过的或没有想法了就略过,这个过程中受到他人启发产生新想法,直到穷尽所有新的想法
- 把便笺纸贴在海报纸或白板上
- 在此期间不评论其他人的意见,但可以简单澄清

4. 小组讨论

- 对每一条意见进行讨论,可以归类、合并或删除
- 在此过程中仍然可以添加新想法
- 所有想法梳理完之后,可以进行观点的提炼或整合

5. 小组决策/交流

- 小组成员对各个观点的重要性进行讨论,选出若干条最重要的想法
- 与其他小组(若有)进行分享交流
- 明确下一步行动

图 B-2 团队列名法的引导步骤

鱼骨图（也被称为"鱼刺图"或"石川图"）是一种非定量分析工具，可以帮助我们对问题产生的原因进行归类，使其逻辑化、条理化（鱼骨图的框架如图 B-3 所示）。

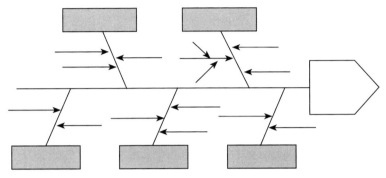

图 B-3　鱼骨图模板

一般而言，使用鱼骨图的基本程序包括四步：

（1）定义主要问题（"鱼头"）；

（2）讨论确定主要的影响因素类别或框架（"骨架"）；

（3）采用头脑风暴法或团体列名法，依次对各主要原因进行细化（"鱼刺"）；

（4）修改和优化。如可能，标注出关键或根本原因。

五个为什么

"分析差异根因"是复盘最为重要的阶段之一，只有找到真正的原因，才能实现高质量的学习。对此，"五个为什么"是一种简单实用的方法。

这一方法的使用非常简单，以至于只需要以下三个步骤。

1. 提问第一个为什么

挑选出一个问题症状作为开端，同时列出你希望用以解开症结的线索，然后问小组成员第一个为什么："为什么这件事情正在发生？"

可能针对这个问题有三四个答案。把这些答案全部粘贴在墙上，在这些答案周围留有足够的空间，也可以只保留经确认无误的关键要素或直接原因。

2. 依次追问"为什么"

重复墙上每个答案，依次追问"为什么"。把每个答案和"答案的答案"粘贴到它的"母问题"附近。在每一层中，都要把握重点，找到关键或本质。

3. 对问题进行整合

当所有的问题回答完毕后，一些问题可能开始整合，并追溯到十几个不同的原因，并发觉两三个系统性的根源。

思考的罗盘™

在复盘的根本原因分析环节中，经常会遇到原因找得很少、很浅，只从自己的本位出发，看不到整体，也看不到这些原因之间相互关联的情况，陷入"眉毛胡子一把抓"的窘境，把握不住重点，从而无法找到问题的根本原因，并且容易让大家"归罪于外"或相互指责。

为此，我发明了一种简单却威力巨大的工具——"思考的罗盘™"（参见图 B-4）。通过运用这一工具，我们可以把与一个问题相关的所有主要利益相关者都列出来，同时促进大家实现"换位思考"，并看到各种因果关系之间的相互关联。实践表明，"思考的罗盘™"作为一项简单易用但非常有效的团队研讨引导工具，取得了很好的应用效果。⊖

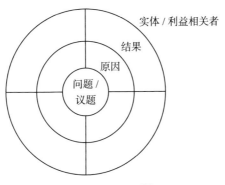

图 B-4　思考的罗盘™示意图

使用步骤及操作指引

使用"思考的罗盘™"，主要操作步骤简称"五找"，具体操作指引如下所示。

1. 找问题：把要研究的问题写到"思考的罗盘™"中央。注意：问题最好清晰、明确、具体，不要过于模糊或庞大。

2. 找实体：列出与这个问题有关系的利益相关者，将其列在"思考的罗盘™"外围，每个利益相关者在一个扇区上。

如果一个问题非常复杂，包含的利益相关者众多，可以只列出直接相关的利益相关者，或按与问题关联的紧密程度与重要程度，

⊖　关于"思考的罗盘™"详细说明，请参考邱昭良. 如何系统思考 [M]. 北京：机械工业出版社，2018.

有选择地列出。在这一步中，要把握关键，不遗漏重要的利益相关者；同时，各个实体之间最好是相互独立的，避免相互交叉或包含。

3. 找原因：从问题或议题出发，分别针对每个实体思考"是什么原因导致这个问题"，将其列在"思考的罗盘™"内圈，并用箭头将因与果联系起来（从原因指向结果）。

如果一个实体有很多原因都会造成这个问题，建议列出主要的、直接相关的原因。同时，应梳理或明确这些原因与所要分析的问题是直接相关，还是通过其他原因间接关联的。

4. 找结果：从问题或议题出发，分别针对每个实体思考："这个问题对该实体会产生什么影响"，将这些结果列到"思考的罗盘™"外圈，并用箭头将因与果联系起来（从该问题到产生或引起的结果）。

与找原因类似，找结果也要保持一致性，并把握住关键。

5. 找回路：分别从每个结果出发，考虑它们与其他原因有无关联。如果有，用箭头将相关的因与果联系起来，查看其中是否有闭合的回路。所谓回路，指的是从一个因素出发，沿着箭头方向，经过一系列因果相互作用，又反作用于自身。

在使用"思考的罗盘™"梳理出因果回路之后，可以对初步研讨成果进行整理，包括简化、优化，把握重点。之后，以此作为辅助，找出问题的关键与根本原因。

行动计划表（模板）

在复盘会议的最后阶段，需要将团队注意力的重心转移到行动改善上来，也就是说要做些什么，不管是修补当前行动的不足或错误，还是提出一些流程与制度的改善建议，防患于未然，都要明确规划好，这样才便于跟踪和推进落实。

为此，团队可以参考表 B-2 制订复盘的后续行动计划。

表 B-2　行动计划表模板

序号	行动	负责人	起止时间（开始－结束）	预期产出/成果	跟进负责人/时间

该表的使用是非常简洁、明确的，只要逐条填写，明确无误就好，无须额外说明。

管理改进建议书（模板）

在原因分析环节，如果找到的失败或不足的根本原因是外部或组织因素，在考虑后续的转化、应用时，也可以向有关部门提出相应的管理改进建议。

在第 4 章，我指出：制订行动计划时，应关注自己可控的范围，不要简单地指望外部的改变。当然，这并不意味着，我们不能对外部相关部门提出管理改进建议。事实上，如果组织确实做出了恰当的管理改进，可以优化组织运作的政策、制度、流程、规范，实现了整体而持久的改善，复盘的威力也可以充分发挥出来（参见第 8 章）。就像万达（参见附录 C），通过对商业广场建设期的复盘，梳理出了共性的问题，并通过相关部门的论证、审批，优化了组织运作流程，实现了持续改善。

表 B-3   管理改进建议书

提案人：	部门：		时间：
1. 问题描述			
2. 根本原因分析			
3. 管理改进措施建议			

使用该表的要点如下所示。

- 建议在"客观原因"是问题的重要原因，且确实有可能实现组织总体改善的情况下，填写本表。

- 为了让相关部门理解建议的起因，需要陈述复盘中发现的待改进问题，描述相关的背景及症状。在复盘中应该涉及这些信息。

- 应列出造成该问题的根本原因，包括主观原因和客观原因。由于这一问题相对比较重要，因而，在复盘的根本原因分析环节，应该也对此进行了研讨。在这里，对其进行简要整理、呈现。

- 应列出要解决此问题，建议组织在政策、制度、流程等方面需要做出的改进措施。这些措施应尽可能地具体、明确、可落地。

附录 C
·APPENDIX C·

复盘实践案例

本部分收录了国内外一些优秀企业或机构的复盘实践案例，包括以下 4 个案例。

- 美军：AAR 的 18 条军规
- 联想：全方位实践复盘
- 万达：通过复盘发现并修补"短板"
- 潮宏基：让复盘常态化，助力组织绩效及流程优化改进

美军：AAR 的 18 条军规

在美军中，AAR 是一个解决问题、从行动中学习的过程，目的是让参与者发现优劣势所在，提出解决办法，并采取一系列后续行为来纠正问题、提升能力。要达到上述效果，良好的 AAR 需要一些基本的规则，包括坦诚地从各个不同角度获得并分享信息，剖析每一个参与者的优劣势，探讨对集体绩效提升有价值的各种信息和观

点（可能会是令某个或某些人感到尴尬的）等。

基于文献分析，我总结出了美军做复盘/AAR 的 18 条基本规则（戏称"军规"），分别涉及"谁"（Who，参与主体）、"何时"（When）、"何地"（Where）、"讨论什么内容"（What）以及"如何做"（How）等方面。下面，我们分别阐述。

Who：团队参与，自组织

对于"谁"，要回答"谁参加复盘""谁来组织或主持""有哪些角色和职责"等问题。核心原则是"团队参与"与"自组织"。

1. 追求最大程度的参与，所有参与行动的人都要出席，都有同样的发言权

因为实际战争或训练都是复杂、多变的，让大家都参与进来，汇总从各个视角得到的信息，从而还原出一幅准确、丰富、完整的景象，可以更大限度地让大家增进相互了解、从中学习。

因此，好的 AAR 离不开团队成员广泛而积极的参与，要确保每个参与行动的人都要参加会议。只要谁能够帮助作战团队确认和纠正不足、保持优势，无论是提供观察到的事实信息，还是贡献自己的经验、对问题的见解，抑或是改进的建议、想法，他都可以而且应该参与到 AAR 中来。

同时，在讨论中，要确保每一位参与者的共享都被视为很重要的东西。

2. 由团队自行组织，最好不要有"领导"或"专家"指手画脚、居高临下

因为复盘需要大家敞开心扉、畅所欲言，因此要营造出一种开

放、信任、平等的氛围。如果领导或专家在场，很可能破坏上述氛围。

同时，由于复盘是高度结构化的过程，具备丰富的引导技能对于研讨结果可能有催化作用。因此，让团队中接受过基本引导培训的人来组织和主持复盘会议，是一个很好的主意。

此外，让团队自行组织也更容易随时随地进行复盘，从而有助于形成习惯。

3. 尤其对于正式复盘，指定有经验的引导者，可以起到更好的效果

虽然复盘的操作手法很简单，但实践表明，要想真正将复盘做到位并不容易，因为复盘是一个微妙的团队对话过程，不可避免地会涉及一些敏感话题，如谁应该对"未达预期目标"承担主要责任，是否存在决策失误或技能不足，是否存在一些"潜规则"或"禁忌话题"等，也可能会发生冲突、争吵，有不同的意见和观点。因此，如果主持人有熟练的团队引导技巧，可以提高对话和复盘的质量。

因此，在美军国家训练中心，会对士官进行 AAR 引导的培训，使其掌握复盘引导技巧，对于提升复盘的质量和复盘的普及是很有价值的。

When：及时，高效

关于何时做复盘 /AAR，美军的经验是应该及时，最好在行动结束之后马上进行。同时，为提高复盘的效果，应使复盘活动保持聚焦、目的清晰，会议精简高效。

1. 行动过程中或结束之后尽快进行

复盘 /ARR 是为了让小组或个人在事情进行过程之中学习而设

计的，因此它适用于在任何一次"行动"（action）或"事件"过程中，或活动结束之后马上进行，这可以确保事件在参与者头脑中的记忆还是鲜活、丰富的，可以趁热打铁，更直接而深刻地学习到经验教训。

2. 保持聚焦、精简高效

复盘/AAR 的目的很明确，因此应尽量使会议保持聚焦，在保证充分研讨的基础上，尽可能提高效率、精简高效，确保会议简短，不能过长。

经验显示，虽然正式 AAR 可能持续的时间较长，但对于大多数非正式 AAR，少于 1 小时较佳，15 分钟可能亦是适当的，但不管多长时间，都应确保能够进行完整的讨论，让群体能完整地走完一个过程。

Where：便利

在多数情况下，并不需要刻意选择"在哪儿"进行复盘，复盘几乎可以在任何地点举行，但总体原则是离行动现场越近越好。

1. 复盘几乎可以在任何地点举行

大多数非正式 ARR 都不复杂，无须额外的设备设施，因此几乎可以在任何地点举行，只要能够保障参与者的安全，有足够的空间和基本的设备（如海报板、水笔、挂图等）即可，甚至可以临时用石块、树枝等来"模拟"地形、地貌。但对于一些正式 AAR 来说，则可能需要精心选择并布置复盘场地，甚至要进行提前彩排（参见第 4 章）。

2. 越近越好

尽管正式的 AAR 需要精心筹划、选择最合适的地点，一则让参加者有更强的现场感，二则具备充分的学习条件，如投影仪、沙盘、麦克风，以及其他物资、设备等。但是，千万别因为选择地点而耽误了时间，总体原则是：选择的时间及地点离行动现场越近越好。

What：以绩效为核心，学习导向，立足改进

按照复盘的操作手法，复盘的准备以及讨论、后续跟进，都应以绩效为核心，立足于学习以及未来的改进。

1. 以任务目标与绩效表现为中心

复盘中讨论的话题应紧紧围绕行动任务目标与绩效表现，所有涉及或影响行动绩效的因素，包括领导的决策和行动，都可以进行讨论。但在讨论过程中，要保持聚焦，以行动为中心，不断进行总结概括，不要在与任务完成无关的事件上浪费时间。

同时，为确保大家理解一致，在行动之前，最好有明确、固定的目标或绩效标准。

2. 与特定标准相关联

经验表明，清晰的标准和目标对于客观的绩效讨论至关重要。在复盘讨论过程中，尽量客观、公正，以事实为基础，以特定的规范、标准为准绳，才能避免自说自话，或标准不一导致的冲突。

3. 以学习为目的

让大家正确地认识 AAR 的目的在于从中学习和改进，将重点放在学习和持续改善上，而不是追究"谁是罪魁祸首"或者"论功行赏"，不是批评或个人评议，不相互指责。

"零缺陷"，对于质量管理而言可能是一个不错的、有激励性的目标，但对于组织学习来说，并不见得是什么好主意。当然，在一些场合中，要求做到"零缺陷"也并不为过。例如，陆军的降落

伞装配员、直升机维修员等，都不能出一点差错，否则就可能造成危险或伤亡。但是，就像"墨菲定律"所讲，人和组织都会犯错，只要有可能出现差错的地方，就会出错。错误也是训练、学习、成长的一部分。乐于学习的领导者应该鼓励创新，宽容失败，以新的角度观察事物，坦诚地从下属那里接收反馈信息。

4. 确定优势和劣势

任何事物都不完美，也不会是一无是处。看到事物的两面性，可以让我们避免偏执。AAR 不是要就成败给出结论，而是让大家发现，总有优势值得保持和发扬光大，也总有劣势需要克服或改进。在实践中，有些人经常容易发现并聚集于出错的地方，却忽略了做对了的地方。如果仅仅关注哪些地方做错了，人们就不会敞开心扉、坦诚相待。

5. 落脚于未来行动改善

要将复盘的结果与后续训练、改进行动联系起来，讨论并落实如何进一步巩固优势、弥补不足。AAR 的目的就是要改进未来的绩效表现。

How：客观，平等，开放，自省

要想做好复盘，离不开开放、直率的氛围，以及实事求是与自省的精神。如果缺少了这些基础，事实就会被隐藏或歪曲，每个人都会"自我防卫"，在团队层面上，要么看起来一团和气，"你好我好大家好"，没有人愿意揭示问题，要么相互指责、归罪于外。

1. 开诚布公

倡导开诚布公，旨在营造民主的交流氛围，每个人都能积极参与、贡献想法和智慧，愿意学习和改进。

在部队中，很容易形成森严的等级观念。但是，AAR 要求每个人，不论等级或军衔，都平等相待，相互学习。为此，美军在《AAR 领导者指南》中多处强调了这一要求。

2. 客观公正

为了让复盘真正产生效果，领导者要特别注意：不要把 AAR 开成批斗会。

一方面，不管等级、职位多高，经验多么丰富，个性如何，没有人是万能的，或无所不知无所不晓，任何人都有可能犯错。如果遇到失误、错误就批评、指责，其结果很可能只是让大家不敢去尝试、创新，或者犯了错之后不敢暴露出来、千方百计地掩饰，根本谈不上学习、改进。

另一方面，在复盘过程中，要避免个人情绪或主观臆断，力争以事实为基础，不批评、不表扬，忠实陈述基本事实，为此，既要采取适当的机制，确保客观数据的可用性（如使用录音录像设备等），在谈自己的观点时，也要基于特定的观察和发现——有偏差或局限并不要紧，要紧的是以偏概全，甚至根本不讲清楚这只是自己的观察，胡乱给人扣帽子。这样将严重影响复盘的氛围和质量。

同时，谈论问题、劣势或不足，也是对事不对人，不要进行人身攻击，伤害感情。

3. 按步骤引导，不要跳跃

AAR 与一般工作总结最大的区别之一在于，它有清晰的程序、结构化的流程，也离不开有效的引导。例如，在开始阶段，为了创造出一种有利于最大程度参与的氛围，主持人只在必要的时候介入讨论，并应强调允许和接受不同意见的观念；申明 AAR 以学习为中心，鼓励人们说出自己的真实想法等。

同时，应尊重 AAR 内在的学习逻辑，不能跳跃——在实践中，经常有人不确认目标，就开始回顾事实；发现问题之后，不经过深入的分析，就试图去寻找解决方案。这些做法都会影响复盘过程的效率以及结果。

4. 采用开放式和引导式问题

在复盘过程中，多使用开放式问题，采用自由问答的方式进行讨论。因为 AAR 是以学习为导向的，所以，只要某个人对当前讨论的主题能有所贡献，包括提供信息、贡献想法、探询疑问，都可以发言，加入到讨论中来。不必硬性规定，哪些人来回答哪个或哪些问题。

使用开放性问题（参见附录 B）容易调动大家参与的积极性，较少引发习惯性防卫。

5. 记录要点，但不用于"秋后算账"

经验表明，将 AAR 要点记录下来，不仅有助于后续的参考，留存组织记忆，还可以和其他团队分享，提高整体智商。因此，AAR 要做好记录并发布。

但是，一旦想到自己的观点或行为可能会被记录下来，人们可能就会心存顾虑，害怕"秋后算账"。对此，英国石油公司规定，AAR 要做记录，但是无须上交报告或公开——它主要是为小组自身学习与改善而总结的。美军也有相应的机制保障 AAR 的研讨过程是安全的。

此外，主持人在与他人分享 AAR 记录时，也要保护个人的隐私，并在复盘会议开始之前将这些原则告知所有参与人，让大家可以畅所欲言。

6.深度分析，找出根本原因，避免就事论事

与避免指责或批斗同样重要的是，必须深入思考、查找到真正或根本的原因，这样才能学到更多。如果只是就事论事，或者流于形式、浮于表面，AAR 的作用就会大打折扣。

联想：全方位实践复盘

联想集团十几年复盘实践的经验，可以总结为三句话：①小事及时复盘；②大事阶段性复盘；③事后全面复盘。

小事及时复盘

所谓"小事及时复盘"，指的是对于日常工作中的活动、具体事件，做完之后，尽快进行复盘，力求发现可改进之处。

在联想看来，小事及时复盘，一方面意味着要让复盘成为习惯，随时随地使用；另一方面，也要求复盘的操作流程比较简单。它与美军的非正式 AAR（参见第 4 章）比较相似，时间很短（可能是 15 分钟，也可能 1～2 个小时），无须太多的准备。

在联想，这类复盘数不胜数，就像个人反思一样，每组织完一次会议、一场培训、一次市场活动，都可以进行复盘。这样不仅提高了自己和团队的能力，也能够积累下一些资料（模板、流程等）、形成一些经验，便于整个组织智商的提高。

⊙ **案例　柳传志善于活动后复盘**

在 2011 年 6 月 2 日"联想之星创业大讲堂暨天府创业论坛"上，

柳传志举了自己的一个小例子，是事件 / 活动后快速进行复盘的代表之一。

有一次，柳传志去美国加州伯克利大学演讲，自我感觉不太成功，主要是来的中国学生多，国际学生少。事后，他和随行人员马上进行复盘，发现原因在于：第一，演讲的时间安排不当，当时演讲定在周五下午，而那是一个大周末，连放三天假，很多美国学生都早早地离校了；第二，演讲的内容也未根据受众来调整。柳传志总结到，给美国学生宣传，不能像在国内一样更多地讲"联想为什么"，而是要讲"联想是什么"，才能引起人们的兴趣，因为很多人还不了解联想是干什么的，有什么了不起，在这种情况下上来就讲"为什么"，别人会认为很枯燥、茫然。

大事阶段性复盘

所谓"大事阶段性复盘"，指的是对于一些大的事件或长期项目，在进展过程中，定期进行复盘，一方面对照总体目标，检查当前进展是在正轨上，还是出现了一些偏差或存在潜在风险，或者需要对策略以及目标进行一些调整；另一方面，也及时总结，通过全员参与、群策群力，发现此类大项目或事件的规律，从而帮助大家提升能力，并提高组织未来应对类似事件或项目的能力。在联想，柳传志先生把这形象地比喻为"撒上一层土，夯实了，再撒一层土"，力求快速而稳健地推进项目或工作。

如同"小事及时复盘"一样，联想也非常重视项目或阶段复盘，典型事例包括联想 ERP 项目、联想电脑"百城巡展"以及君联资本

（前身为"联想投资有限公司"）等。

下面，我们结合一些实际案例，简单介绍联想如何进行项目 /
阶段复盘。

⊙ 案例　联想 ERP 项目

在百度中输入"联想 ERP 项目总结"，能够找到大约 224 万条
记录。⊖从中可以找到许多版本的"联想 ERP 项目总结报告"，其中
一篇从目标计划、实施状况、人员队伍、费用分析、收益分析、经
验总结六个方面对 ERP2000 项目进行了总结。⊜

据我所知，这只是联想 ERP 项目总结的一个缩影。作为亲身经
历者，我认为联想非常善于在大项目实施过程中，进行阶段性总结
和项目复盘，ERP 项目就是其中一个典型代表。

1998 年 11 月，联想集团开始与德国 SAP 公司、德勤企业咨询
公司合作，实施 SAP R/3 企业资源计划（ERP）项目，2000 年 1 月项
目第一期成功上线。这是联想集团首次实施大规模、高度集成的企
业管理信息系统项目，涉及自有品牌电脑的研发、制造、生产、销
售，国外品牌 IT 产品的代理分销，以及系统集成服务业务，包括销
售与分销、物料管理、财务会计与管理会计、生产制造等多个模块。
该项目第一期历时 13 个月，先后有数百人参与项目，累计投入数千
万元。

就是这样一个大的复杂项目，无论是联想（甲方），还是外部合

⊖　2015 年 1 月 3 日数据。

⊜　网址：http://wenku.baidu.com/link?url=yr_zsCgBxflopPc06xkQbMWe3zsE9A
ob5bwlqfwFzybyF9pzEjMqdIS2_XSg3PEd7IRqrRJnkRrs3vs03PllmpLUTy3M7-
guoCxDomUoQ8Q7。

作伙伴（乙方），都缺乏成功的经验。因为在当时，国内还没有大型综合型企业集团成功实施过类似项目。在国外，ERP 的成功率也不高，甚至不乏失败的先例。因此，项目的难度很大，过程中也面临诸多挑战。

除了日常工作和沟通机制，联想凭借着阶段性复盘的工作方法，依靠三种机制，实现了"做中学"，一边实施 ERP 项目，一边学习如何实施类似项目。

1. 项目管理组扩大会议

项目组几乎每隔 2 ～ 3 周就召开项目管理组扩大会议，让项目组主要成员（含外部顾问）都参加，对当前的项目进度、主要问题与困难进行交流。

2. 阶段总结 / 规划会

按照德勤公司实施 ERP 的方法论——FastTrack for SAP®，该项目包括五个阶段：范围与计划、目标确认、流程设计、系统配置和测试、交付使用。在每一个阶段结束之前，项目管理组都要详细总结上一阶段的工作状况，规划和研讨下一阶段的工作计划，并通过项目管理组扩大会议，让大家达成共识，做到"心中有数"。

就这样，把每一个阶段都"夯实"了，做到了一步一个脚印，虽然项目较最初的计划延期了 5 个多月时间，但总体来说，我认为 13 个月仍是合理的，是全体项目组成员在各种资源与条件限制之下，克服各种困难、付出艰苦努力取得的成绩。

3. 专题研讨会

尽管通过以上两种机制，项目组在计划推进方面稳扎稳打，但仍有一些大的困难与波折需要应对。因此，项目组在整个过程中，也有数次突发的专题研讨，例如项目的推动主导权变更、业务流程配置等。

在项目刚启动时，许多人都认为这只是一个软件系统，把 ERP 当作一个 IT 项目来做，项目也是由集团来推动、IT 部主导的，业务部门参与不深，积极性不高，导致业务流程的设计根本没有办法深入，项目的推进也受到很大影响。面对重重困难，经过深入的反思和研讨，1999 年 4 月，联想毅然重组 ERP 项目组，改为以业务部门为主、技术部门为辅的模式。同时，配合执委会的重视和参与，项目推进驶入快车道。

曾任 ERP 项目总监的联想集团高级副总裁王晓岩事后回顾到："实际上，到了项目实施的第四阶段，我们才真正了解了第三阶段的要求。在真正理解了方法论的含义后，我们又回过头来对第三阶段的缺陷进行弥补、修正。通过这次 ERP 的实施，我们认识到对一个事物的认识绝不是完全按顺序发展的，而是在不断实践的过程中螺旋式上升、反复交错的。ERP 的实施方法论本身只是一个理念。对于这个理念的理解就像学游泳一样，无论老师如何强调姿势和要领，只要你没有下过水，你就永远也不会真正了解那些要领的含义，只有在实践的过程中才能完成对动作要领的回想和完善。"这也指出了项目阶段复盘的重要价值。

可以说，正是由于项目 / 阶段复盘，ERP 项目才能克服重重困难，取得最终的成功。如果没有这些阶段性的总结 / 反思、调整和改进，项目将很难成功。

2000 年 8 月 15 日，联想集团召开新闻发布会，宣布"联想集团 ERP 项目成功实施", 集团常务副总裁李勤指出: "联想 ERP 实施成功后, 企业的业务运作效率明显提高, 集团结账天数从过去的 20 天降到 1 天, 从需 70 人加班到只需 7 人, 报表报送从 30 天缩至 12 天。公司从去年 (1999 年) 起至今利润大幅度增长, 相当一部分原因来自这个项目。"

另外一个非常注重项目 / 阶段复盘的联想系企业是君联资本 (其前身为 "联想投资")。

⊙ 案例　君联资本——在复盘中不断成长

2001 年, 联想集团进行了一次业务分拆, 以原业务发展部骨干为班底新建成立了联想投资, 进军风险投资业务。当时, 团队成员中既没有专门学投资出身的专业人员, 大家之前也没有做过风险投资, 几乎可以说是从零开始。

那么, 怎么能够做好投资呢?

他们想到并践行了联想成功的法宝之一——复盘。

于是, 对于每一个 "案子", 每做一个动作, 都要进行复盘。例如, 接到一个潜在投资线索, 需要做行业调研, 项目组先按照分工, 分头进行资料收集、访谈、分析, 进行数次集中研讨、提交行业分析报告。之后, 就进行行动后反思——这次做行业研究有什么新发现, 有什么心得, 有哪些可以 "固化" 下来的经验, 在哪些地方可以做得更好一些, 等等。

每一个投资项目每往前推进一个阶段, 都要进行阶段性复盘。例如, 按照联想投资的内部工作流程, 一个投资项目要经过初筛、Pre-DD、DD (尽职调查)、投资决策等几个阶段。如果一个项目通过了"初筛"，那就要总结一下"为什么这个项目能够通过初筛"，哪些地方做得好，哪些地方做得不够，初筛的标准到底应该是什么，在这个阶段应重点把握哪几个关键点，等等。

每完成一个投资项目，就要专门抽出时间，以项目组的形式，对整个项目过程进行系统的复盘。每一位业务人员都会参加所做项目的复盘工作。先是项目组进行复盘准备，工作包括查阅历史文档、反复讨论汇总观点、撰写复盘报告等。之后，召开全公司参加的复盘总结会，由小组主讲，全员都可以提问、互动，内外部"嘉宾"（如联想集团创始人柳传志先生曾出席数次项目复盘）进行点评，有时候甚至会有非常激烈的讨论。

由于公司非常重视复盘，联想投资的 CEO 和所有合伙人、业务骨干几乎都会参加，并亲自主持复盘，还把复盘的结论迅速应用于指导后续的工作，然后再通过对后续工作实践的复盘，来验证或修正形成的观点。

就这样，联想投资通过复盘来实现了"边干边学"，在投资中学习投资，虽然看起来风险很高，一开始投资的少数项目也的确并不成功甚至失败了，但通过复盘，联想投资的团队迅速了解了投资业务的规律，积累了宝贵的经验，并固化形成了一整套作业流程，沉淀下来了一系列实用的模板、工具等。从 2001 年 4 月联想投资成立至 2011 年，仅公司级的专题研究、案例总结、经验交流、行业分析、流程模板等文献，总计 240 余项。

最后，业绩证明了复盘的价值——一期基金总体回报喜人，联想投资也开始成为专业、值得信赖的风险投资机构。

事后全面复盘

所谓"事后全面复盘",指的是系统地进行战略层面的复盘,考虑因素更加全面、总体,而且长期,具有根本性。

在联想,因为柳传志先生的重视和推动,不仅小事及时复盘,项目阶段性复盘,对于整个公司的战略,也定期进行系统的反思与回顾。例如,从联想早期做汉卡、代理 PC 业务,到后来通过"小步快跑"策略,在与国际 PC 巨头竞争中脱颖而出,再到后来并购 IBM PC 业务、进军投资领域等,靠的都是不停复盘,打一仗、研究一次。战略复盘已经成了联想运作的核心机制之一。

⊙ 案例   联想国际化战略复盘

2005 年,联想并购了 IBM 全球 PC 业务,迈出了国际化的重要一步。

事实上,在此之前,联想在推进国际化战略方面已经进行过很多方面的尝试,经历了很多年。

回顾可知,联想国际化的努力在联想成立之初就已经有了萌芽,当时联想的愿景是:高科技的联想,服务的联想,国际化的联想。致力于成为一家国际化的企业,植根于联想人的心中。为此,它踏上了国际化的漫漫长路。

在成立之初,联想既缺乏自己的产品,没有核心技术,甚至连怎么运作一家企业都不知道。凭借着仅有的资源,它首先起步的核心业务是代理分销国外的 IT 产品,并通过"合作学习",迅速形成了规范化运作的体系。这是"贸工技"路线的第一阶段,即通过代理分销,向国外合作伙伴学习如何做市场。

其后，联想开始通过"国际化"切入自有品牌产品的生产制造和分销（"贸工技"的"工"）。1994 年，通过"绕道"香港，拿到了在内地生产 PC 的批文，并实现了在香港上市，对接了国际资本市场；之后，联想 PC 通过参加德国汉诺威电子展，研发出了样机，取得了荣誉，对于联想在国内销售自有品牌的 PC 也起到了积极的促进作用。

在"工"这一阶段，联想还通过在国外收购 / 新建电脑板卡业务 QDI，试图进入全球 PC 核心部件制造领域，实现更深程度的国际化。但是，实践表明，这一策略进展并不理想。经过数年的年度回顾和战略研讨，联想最终于 2003 年 11 月退出了板卡制造领域。

接下来，如何推进国际化？联想的高层管理者一直在思考。世纪之交，以杨元庆为核心的公司高层管理者齐聚美国硅谷，大家经过系统的复盘，坚定了国际化的决心，也重新调整了推进国际化的策略与思路。

终于，当 2004 年，IBM 向联想伸出橄榄枝时，联想果断地抓住了这一千载难逢的机会。

以上是从战略层面对联想国际化的总体回顾。接下来的故事，相信许多人都有所耳闻了。

并购伊始，许多人对此项交易心存疑虑，唱衰者也大有人在。因为当时联想集团的业务体量约为 29 亿美元，而 IBM 全球 PC 业务的体量为 90 多亿美元。许多人将此次并购称之为"蛇吞象"。但是，联想事实上在并购过程中就已经对如何整合进行过部署，因此，其后的几年并购整合推进非常顺利。几乎就在要宣布并购成功的时刻，2008 年横扫全球的金融危机，让并未完全实现整合的联想集团业务受到巨大冲击，当年发生了巨额亏损。

在这种情况下，联想集团创始人柳传志先生临危受命，"复出"担任董事长，并果断采取了有力措施，包括调整领导班子、制定"双拳"战略、调整组织结构、加强企业文化建设（包括推广复盘的工作方法）、向全球推广"复制"中国的成功经验等，不仅当年实现了扭亏，并在其后的数年，演绎出了气势如虹的成长神话，几乎每个季度的销量增长率都大幅领先于全球主要竞争对手，连续超越了戴尔、宏碁和惠普，成为全球第一大 PC 厂商。

2012 年 4 月，在当年誓师大会上，杨元庆代表联想执委会（Lenovo Executive Committee，LEC）对这几年国际化的并购整合历程进行了战略复盘，更加坚定了前进的策略与方向。

　　资料来源：此案例系作者综合多方面新闻报告整理而成。

从上述案例我们可以看出，联想在公司发展过程中，非常善于利用战略复盘。不管是对整个公司的中长期战略，还是对某个业务的策略，都能自觉地进行复盘，然后快速调整。虽然联想现在仍面临许多方面的挑战（任何其他公司也是如此），但我相信，只要联想秉承复盘精神，认真总结每一步的成败得失及其根本原因，汲取经验教训，并快速调整改进，就一定能够发扬优势、规避错误，克服困难、达成目标。

万达：通过复盘发现并修补"短板" ⊖

不仅是联想，国内许多企业也利用复盘来萃取最佳实践、发现

⊖　关于万达复盘的详细做法，可参见大连万达商业地产股份有限公司 . 商业地产投资建设 [M]. 北京：清华大学出版社，2013.

共性问题，并快速修补组织短板。在这方面，万达堪称典范。

在万达，复盘已经嵌入组织运作规范之中，成为制度化的工作。

无论是在商业广场建设期间，还是在开业之后，万达都会进行相应的复盘，共有下列五种类型。

项目建设期复盘

经过长期持续的复盘，万达已经形成了非常精细而严密的商业广场建设项目管理规范。对于每一个在建的万达广场，一旦确定了筹备日期和开业日期，各个阶段、各个条线的所有核心工作就已经确定了下来。每个项目成员只需按照预定计划执行到位，即可确保项目如期到位。但是，尽管如此，因为每个项目都是独一无二的，总有各种各样的变化或异常，所以，每个在建万达广场每个月都会进行复盘，将实际结果与目标和计划对比，找出差异的根本原因，并确定调整或改进的策略。

同时，基于每个月各个在建项目的绩效表现，万达商业地产板块项目管理中心还会从中选出业绩最好和最差的三个在建项目，在每月集中的业务例会上进行分享。对于业绩最好的项目来说，只有真正把自己成功的"拿手本领"总结出来、分享出去，才能通过项目管理中心和公司主管领导的审核，并且让他人"看得起"、有收获；而对业绩不好的项目来说，更需要深入分析、反思，找出没做好的根本原因，虽然站在几百人面前剖析自己会让人觉得难堪，但只有"让自己觉得疼"，才能真正"知耻后勇"，把握迎头赶上的真正关键。

当然，如果某个在建万达广场出现了突发状况或者有值得学习、关注的事件或活动，项目管理团队也会及时进行复盘。

开业复盘

在某个万达广场建设项目结束、开业 3 个月之内进行，主要是对建设期项目管理体系运行情况的总体复盘，目的在于总结经验教训、发现共性问题，并寻找管理改进建议，避免相同问题在多家公司重复发生，同时也可以让好的经验和方法在全集团推广。

如上所述，通过多年不断总结，万达已经形成了严密精细的"模块化管控系统"，对万达广场建设进行项目管控，包括筹备、拿地、规划等 12 个阶段，涉及项目计划、销售、规划、工程、成本、资金、安全等多条管控线索。同时，公司自行研发了支撑模块化管控系统运作的信息系统，可以根据排定的项目计划对各项工作进行黄牌、红牌报警。

基于上述系统和某个项目实际运行情况，开业复盘会回顾所在项目各个条线在各个阶段出现或发生的所有意外或差异，如黄牌、红牌、安全事故或隐患、成本超支、工期延误、质量问题等，并对其中的关键差异进行分析，提出具体的改进措施、形成复盘案例，并对项目管控体系的优化提出建议。

由于万达广场的建设与经营管理都是非常复杂的大型系统工程，项目周期长，涉及多个部门、项目阶段，300 多个关键节点，因此复盘工作的组织与推进也非常复杂，需要周密的筹划和准备。因此，万达广场的开业复盘由万达的企业大学——万达学院牵头推进，要历时数周，包括通过多渠道收集信息、找出关键问题、多个部门分析、审核、研讨等。对于研讨发现的共性问题及系统性问题，要指定相关部门进行专题分析、研讨，限期解决，并制定或修改标准、规范、制度等。部分复盘成果会转化成课件、案例，用于万达学院的教学和培训。简单说来，开业复盘流程步骤如图 C-1 所示。

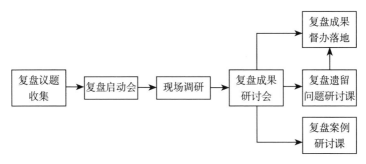

图 C-1　商业地产项目复盘流程图

新开业项目品质评审

在万达，每年都要对上一年开业的万达广场和酒店进行综合品质评审，既包括建筑品质，也包括商业品质。针对不同产品特点，万达广场和酒店的建筑品质和商业（功能）品质有不同的评估要素和权重。比如，对万达广场来说，建筑品质主要考察外立面、夜景照明、景观环境、内装（含施工质量）；商业品质主要是品牌引进和店面装修。

万达对新开业项目品质评审高度重视，由商业地产研究部作为内部第三方牵头组织，联合商业规划院、南北方项目管理中心、商管总部等多个部门，抽调专业高管组成初评工作小组，分别赴现场对当年开业的万达广场和酒店进行品质评审；年底汇总后，报请各部门主管副总裁组成的复评领导小组进行复审，最终报请总裁、董事长签字确认。整个过程一般历时 180 天，在集团年度工作会议上会对优秀项目进行通报表彰。

新开业项目品质评审包含对这一年的经营结果与当初立项的状

况进行对比、复盘，既能发现建设期的一些问题（有些问题可能有较长"潜伏期"，而未能在开业复盘过程中发现或暴露出来），也可以达到对品质的把控，对拿地、立项、规划等问题进行反思的目的。

万达的实践表明，在 2011 年万达执行品质评审及排名工作后，企业品质提升成效显著。

营运期营运评审

营运期营运评审是指在购物中心开业半年后对前期的招商效果、开业半年的运营效果进行评审，对购物中心的定位是否准确、是否稳场给出判断，对招商结果进行考核，并对后期的营运管理提出方向和建议。这是典型的项目复盘，既包括全面的总结，又包括未来的行动改进。拿万达的话来说，营运期评审既是一把尺子——衡量不同广场的营运管理水平，也是一把鞭子——指出广场的调整方向，推动广场持续改进。

经过不断总结，万达建立了营运期广场评审体系，并由研究部作为内部的第三方，在项目开业 6 个月之后，花 2 个月的时间完成对万达广场租赁决策文件的执行、品牌合规性、商家经营业绩、商家落位布局、企划营销、营运管理、廉洁问题等方面的评审，形成广场营运期评审报告，提交集团领导作为决策参考，也为研究部在本广场开业 2.5 年之后的租赁决策文件期满评审打下基础。

租赁决策文件期满评审

对购物中心而言，不断调整是保持经营业绩和持续竞争优势的主要措施。一个购物中心经过一段时间的营运后，所面临的市场环境往往发生了不小的变化，所配置的业态、业种、商家也处在生命周期不同阶段的变化之中，尤其是消费者的偏好与时尚潮流也在不断变化。为此，万达通常将广场从开业到营运的第三年定为一个租赁决策期，并在租赁决策期满前 8 个月进行战略性复盘——万达内部称之为租赁决策文件期满评审。

该项评审以《万达广场租赁决策文件》作为基础，主要进行现状分析（含广场市场定位、外部环境变化、自身经营状况），同时结合布局合理性分析、租金合理性分析，提出新租赁决策期的核心调整思路，包括定位复核、业态配比、品牌组合，并在此基础上形成调整方案建议（含落位调整和租金增长建议）。

实践表明，这些复盘对于万达的经营既有巨大的现实商业价值，也有助于万达广场规划、建设以及运营能力的提升。

小结

对于复盘，万达集团董事长王健林非常重视。事实上，他本人也非常重视总结与复盘。例如，王健林在 2011 年公司内部会议上曾说："几年前，沈阳太原街万达广场开业后，掉铺非常多。很多人跟我说，因为周边都是工地，人少没有办法。我就不信邪，分析发现项目周边流动人口多，年轻人多，而原来广场定位做家庭消费，有偏差。反复调整一年，现在日均客流很高，经营很火。"虽然这只是一个小例子，但显示了王健林重视调查、分析，善于琢磨和快速改进的精神。

对于复盘，他曾批示："复盘工作，既是研究创新，也是管理推动。"对于复盘中发现的问题，总裁办公会也非常重视，要求主管领导参与推动，"确保复盘取得实际效果"。集团总裁也特别批示"要求相关部门认真配合好复盘工作"。这些可能都是万达能够全面、持续、深入地推动和实施复盘，并取得显著效果的重要因素。

潮宏基：让复盘常态化，助力组织绩效及流程优化改进[⊖]

广东潮宏基实业股份有限公司（简称"潮宏基"）创立于1996年，并于2010年上市，是国内第一家时尚珠宝上市公司。公司紧紧围绕中产阶层女性消费者，打造时尚生活生态圈，立志成为中国最受尊敬的中高端时尚消费品运营商。目前旗下拥有"CHJ潮宏基""VENTI梵迪"和"FION菲安妮"三个品牌，跨越珠宝和女包两个时尚消费品行业，并建立了以华东、华南和华北为核心市场，覆盖全国190多个主要城市，拥有上千家品牌专营店的销售网络规模。

初识"复盘"工具，是在2014年12月份。当时，公司在思考，有没有一种工具，可以帮助各个部门更好地群策群力，找到解决当下现存问题的创新方法，提升跨部门协作沟通效率？抱着尝试的心态，公司邀请到了邱昭良博士，为中高层干部进行复盘培训。

那一次课程，让大家见识到复盘工具的神奇效果。经验告诉我们，但凡涉及跨部门的工作流程，别说在一个下午完成流程梳理和问题诊断和解决，哪怕仅维持好会议秩序都是老大难的问题，更何

⊖ 注：本案例由潮宏基公司人力资源部张秀玲撰写，经龙慧妹总经理审阅，邱昭良博士修改，反映了该公司在导入复盘培训之后，如何实践并推广复盘，使其成为"常态化"的具体步骤与措施，对于其他企业也有一定启示或借鉴意义。

况还有"议而不决""观点难以统一""责任不清"等问题。然而，那个下午，在邱老师的带领下，现场 13 位伙伴，用 1 个多小时的时间，完成了对整个新开店管控流程的"问题诊断、经验沉淀、结果处理及后续工作安排"等议题研讨，且每个人对于接下来要完成的事情都非常清晰，计划可控。那一刻，公司确信自己找到了一种有效的管理工具和组织学习方法。

培训结束后，各部门经理都不约而同地将复盘方法传递到自己的部门。总裁廖创宾先生更是提出"要将复盘常态化"的要求，即期望将复盘作为一种工作习惯，把它植入到每个潮宏基员工的日常行为之中。

为了实现这个目标，2015 年 1 月，公司启动了"复盘常态化"项目，正式开始了复盘在潮宏基的推广历程。

四大"拦路虎"影响复盘常态化工作落地

培训工作最尴尬的，就是面临学员"三分钟热度"的问题，或者说是"课堂上激动，下课心动，回去不动"。而在潮宏基，因为一直强调训后落地工作，加之管理层足够重视，对于好的知识及方法，训后传承已经成为一种习惯。然而，培训后的再跟进，往往受人手、意识及本职工作的影响，会被忽略。久而久之，培训的内容又"还给了老师"。

在复盘常态化推广过程中，同样也会出现类似状况。具体来说，主要表现为以下四大"拦路虎"。

- 虽然参加培训的学员已经充分认识到了复盘的重要性，但限于条件，公司仍有不少管理人员未能参加培训，他们并不理解复盘方法的价值，不够重视。

- 少量管理人员错误地认为复盘工作属于商学院分配的额外工作，会占用本职工作时间，执行意愿不强。

- 参加培训的人员，因面授时间有限，导致复盘知识掌握不牢固，后续操作不规范，影响了复盘效果（例如，对目的和目标、里程碑的理解不准确；总结经验时，重失败教训的积累，轻经验的挖掘，导致优秀经验流失；行动计划未明确具体责任人和完成时间等）。

- 一些参训人员，对哪些工作适合做复盘存在误解，导致在自己部门开展复盘的积极性不足。例如，财务、行政、数据分析等部门，认为本部门重复性工作较多，不适合复盘；仓管、信息、法务等部门，认为本部门的工作相对独立，不涉及其他部门，没有复盘的价值；配送、采购、物流等部门，认为本部门的工作属于其他更大系统工作的一个部分，只需参与其他部门的复盘即可，无须在部门内部再组织复盘。还有一些人认为复盘仅适用于跨部门工作，或者大型项目，不能很好地应用于自己部门的工作。

面临这些问题，到底应该如何在培训之后推动复盘的应用，让复盘在潮宏基落地、生根呢？

巧借移动微课，完成主管级以上成员知识宣导，推动知识内化

要保证方法"原汁原味"地落地，首先得完成知识的普及与方

法示例。为了让更多管理者认识复盘，潮宏基商学院通过公司移动学习平台进行"复盘"知识普及培训。结合移动学习特点，将原来2天的培训课程，提炼精华，压缩为几门"微课"；在操作手法示范方面，以多场促销活动沉淀的复盘成果为内容，植入培训课程，制作为 Flash 课程，安排主管级以上成员限时观看，并回帖反馈学习心得。经过此次全面培训，公司完成了主管级别以上管理人员的意识宣导，为复盘在各个部门的落地奠定了重要基础。

课程核心内容：复盘的定义、操作手法、心法、注意事项

复盘操作手法示范案例："如何提升促销活动业绩"

培训平台：潮宏基商学院 APP

课程培训对象：集团及子品牌总部及终端主管级以上成员

项目亮点：①借助实际案例示范复盘操作流程，重现讲师课堂引导经典；②以促销为主题，有助于提高终端用户学习兴趣；③案例经验来源于实际工作，学员在学习复盘知识的同时，也能够掌握组织促销活动的要点和经验；④促销复盘示范，重现门店与总部部门合作不足之处，有助于总部管理人员了解及调整。

优化复盘工具与模板，并提供规范示例和操作指南

为了更好地发现问题，总结经验，结合总部及终端部门使用需求，以及在实施过程可能出现的易错项，公司对复盘表格进行了优化，并提供了规范的示例，明确提示了复盘的准备及注意事项，使之在满足复盘成果记录的同时，尽可能多地保留后期经验沉淀所需的信息。

建立月督导机制，加强沟通与辅导

潮宏基商学院从以下几个方面对内部复盘实践进行督导，加强沟通与辅导，协助使用者跨越"由知到行"的鸿沟：

（1）在总经理支持下，由部门经理作为第一责任人，要求每月至少提交一份复盘报告；

（2）对每个部门指派一名"学习发展业务伙伴"，通过一对一辅导，由各部门确定复盘主题及时间，制订复盘计划；

（3）参照各部门的复盘计划，建立月度提醒及反馈机制，每月1日及15日发送提醒邮件，次月8日发布《复盘月度督导报告》，"敲敲边鼓"；

（4）及时检查当日提交的复盘报告，并对不符合规范的条目进行一对一沟通及辅导，驳回重新修订；

（5）对于发现的易错项，制定培训教材，进行强化宣导及提醒，以提高操作的规范率；

（6）建立可公开查阅的复盘经验库，并按月发布。

上述措施不仅有利于建立公司内部良性竞争机制，营造浓厚的复盘氛围，也可以扩大各部门复盘成果的分享范围。

复盘常态化工作成效明显，复盘项目库价值千金

"复盘常态化"项目启动两年多时间以来，成效明显：截至2017年8月，已累计收到集团及子品牌各部门复盘文档416份，月均开展复盘次数13次；部门覆盖率超90%，并让复盘意识深入人心。

与此同时，伴随复盘经验的沉淀，潮宏基商学院也携手相关部门，沉淀了五个重大项目的成功经验及优化改进方案，内容涉及促销、会员、管理培训生培育、跨区域人才培养、领导力发展等专题，而通过对以上复盘文档的分类管理与分析，我们也看到复盘常态化工作带来的深层次价值。

（1）通过复盘，对核心业务流程进行了梳理，能够有效沉淀提升组织运作效率的方法，并得到验证。例如，潮宏基商学院基于近几期跨区域人才培育项目复盘，探讨、沉淀了《跨区域人才培育模式》《管培生项目实操手册》《中高层领航领导力提升项目》等系列人才培育方法，并根据多期培训活动复盘，优化、完善并输出了《培训项目进度计划表》，开发配套 PPT，梳理、提供标准化操作流程，有效地保证了学员满意度。

再如，从销售大区提供的复盘资料中，提炼、制作《会员专场申请表》及《促销互动申请表》，并在门店中尝试推行，同时沉淀各门店在提升销售业绩、提高品牌知名度及商场排名等方面的共性经验，及后期需要注意的事项；从配送及物流部门的复盘中，沉淀了关于淡旺季销售产品配送环节优化的成功经验，节约成本，助力企业库存回转率提升，发挥服务平台价值，共创佳绩。

电商部门通过多次复盘，沉淀经验、改进不足，通过持续优化产品页面设计及推广方式，在活动前根据市场调研结果，对产品页面设计、产品销售组合、品类定价及活动页面关联推广等方面，进行多次尝试及优化，提高 PC 端和手机端的 PV 流量及 UV 访客量，同时优化节假日工作人员排班安排，为"双十一"活动销售目标的达成，积累了较好的经验。

（2）运用复盘方法，找出工作流程中的痛点及盲点，实现了流程优化、效率提升。比如，在财务管理领域，发现了预算编制、常规工作优化以及促销折扣测算等痛点；对于物流管理，发现的要点包括畅销款补货问题、IPO活动配货、新品试点推广项目等；组织管理类问题，包括轮岗项目、寄售货品召回项目、管理培训生项目；行政管理类问题，包括会务安排、防台风工作、办公秩序抽查等。

（3）通过复盘，识别各部门关键业务流，丰富各部门复盘主题库，为各部门工作提供优化指引。

通过持续、全面的复盘，潮宏基商学院梳理了一份《复盘项目库列表》（参见表 C-1），包括销售管理、培训管理、门店管理、组织管理、财务管理、异业合作、物流管理等 20 个类别，共 88 个主题内容。对公司而言，这张表价值千金，不仅可以更为直观地看到各个部门的核心业务流程及工作重点，也为进一步推广复盘、优化工作提供了方向指引。

表 C-1　复盘项目库列表

类别	主题内容
销售管理	店庆、促销活动、周年庆、特卖场、导购销售技巧、新品宣传与推广、元旦/情人节/中秋节促销活动、微信推广
培训项目	领导力提升培训、终端员工培训/终端导游式话术培训/终端产品培训/终端销售技巧培训、区域管理培训、标杆店培训、跨区域学习培训
门店管理	新开店管理、新开店货品筹备、店铺转型、团队建设、新开店成效评估、陈列管理
组织管理	寄售货品召回、微课上线工作、轮岗项目、订货会产品安排内训师拍摄制作技巧、博物馆讲解员项目
财务管理	财务预算编制、财务常规工作优化改进、财务预算工作、非现场审计工作、货款催收工作、项目申报、成本处理、成本核算、开票工作优化、成本分户

（续）

类别	主题内容
异业合作	与各大银行异业合作
物流管理	畅销款补货工作、IPO活动配货、专店新品更新上柜工作、订单管理、产品组订单用途使用、双十一货品安排与物流处理
电商营运	产品推广活动、情人节活动、三八节活动、母亲节活动、双十一O2O、品牌日活动
采购管理	采购评级标准、采购订单、代理下单、物料采购、货品报废、钻石采购、业务订单
企业文化	年会、趣味运动会、品牌周年庆、中秋晚会
人力资源	管培生项目、新开店人员招聘、校园招聘、大钻销售激励政策、劳动关系转移
会员营运	会员品鉴会、会员维护工作、积分活动、会员数据管理
计划总结	季度绩效工作、总结报告
质量管理	产品质量改进、物料领取标准化、产品规划、降低返单生产成本、产品质量检测工作
行政管理	会务安排、防台风工作、办公秩序抽查、印鉴整理
信息技术	新系统实施、入库工作改进、数据统计分析、数据完善
研发设计	大嘴猴新品设计、手袋手绘设计创新、素金布拉格系列
校企合作	汕大职业规划互动
合同管理	合同执行调查
证券投资	增发申报材料

复盘"复盘常态化项目"，明确优化方向，实现持续改善

随着"复盘常态化"工作的推进，虽然复盘意识已经深入到了潮宏基每位员工的日常行为中，但在实践中也遇到了很多新的挑战，如"如何提高复盘会议的效率""如何放大这些年来复盘给各个部门的积极影响""如何让更多伙伴发自内心地接受并践行复盘"。

为了探索这些问题的答案，潮宏基依然使用了复盘的方法，也就是通过对"复盘常态化"项目工作进行复盘，总结经验，并确定

可以优化改进的项目，以期发现这个项目为公司带来更多的管理改善方面的惊喜。

基于复盘成果，未来可以改进的方向包括：

- 还复盘主动权于各部门，由部门制订并实施季度复盘计划，商学院负责督导与监管；
- 建立督导闭环，关注复盘后续计划的实施进展，保证复盘经验及计划有效落地执行；
- 建立激励机制，将复盘纳入学习积分统计范围，提高员工参与复盘的积极性；
- 开展复盘经验分享会，搭建内部优秀经验分享平台，宣扬复盘方法的积极成效，推动更多伙伴持续复盘。

总之，经过几年的实践与推广，借助复盘这样高效实用的方法，潮宏基实现了管理绩效的提升及持续改善，各级管理者和员工已经将复盘作为持续优化与改进工作的一种工作习惯，让"复盘常态化"真正走入每一位员工的意识中、行为上、结果里！

附录 D
·APPENDIX D·

学习资源

原创版权课程："复盘——把经验转化为能力"

为帮助各级管理者学会复盘的方法论、在实际工作中应用复盘，本书作者邱昭良博士开发了系列原创精品课程，包括面向实践者的版权课程"复盘——把经验转化为能力"（版权登记证号：国作登字-2016-L-00259227，荣获"2016CSTD中国人才发展年度推荐产品"暨"2016CSTD中国人才发展产品创新50强""2017年度CSTD十大畅销版权课程"称号），以及复盘引导师认证培养项目。

简介：

- 复盘——曾国藩、柳传志、王健林身体力行的工作方法
- 复盘——简单而有效的从经验学习的组织学习机制
- 复盘——联想、万达、英国石油、美军普遍使用
- 复盘——看似简单，要想真正见效却并不容易

主讲：邱昭良　博士

- 在联想工作近 8 年，曾任联想控股董事长柳传志业务助理
- 曾任万达学院副院长，参与设计万达的复盘工作体系
- 从事组织学习研究与实践 20 余年，出版著译作 15 部
- 师从全国人大常委会原副委员长成思危、南开大学商学院原院长李维安教授；博士论文得到管理学大师彼得·圣吉指导

教学方式：讲授、研讨、演练
时间：2～3 天
企业收益

- 总结成功经验，及时萃取、沉淀企业最佳实践，形成规范化的运作体系
- 发现不足和失败的根本原因，避免犯曾经犯过的错误
- 促进知识共享，提高组织集体智商

学习目标

- 让学习者深入全面地理解"复盘"的意义与学习机理
- 通过团队演练，让学习者掌握具体操作手法，学以致用
- 通过案例分析与实战研讨，让学习者理解"复盘"的关键成功因素及"内功心法"
- 通过国内外优秀前沿最佳实践的分析，让学习者理解复盘的应用场景及组织学习体系的搭建

内容提纲

第一单元 认识复盘——意义与价值

- 联想与万达是怎样炼成的？
- 美军的领导力、执行力靠的是什么？
- 什么是复盘？复盘与工作总结有哪些区别？
- 为什么要复盘？复盘对个人和企业的意义和价值。

第二单元 操作复盘——手法与实操

- 如何复盘？底层逻辑与一般过程
- 复盘的应用及案例：个人复盘、团队复盘、项目复盘、战略复盘
- 个人复盘及团队复盘演练

第三单元 做好复盘——心法与诀窍

- 复盘的 25 个"坑"
- 复盘的关键成功要素与核心技能
- 团队复盘引导的"三阶九步法™"
- 团队复盘方案设计与复盘会议策划
- 团队复盘会议引导实操演练
- 团队复盘引导常用方法与工具演练
- 团队复盘常见问题应对举措

第四单元 推广复盘——从复盘到组织学习

- 如何推广复盘？企业最佳实践分析
- 如何评估复盘的效果？

- 如何扩大复盘的影响？

- 如何以复盘为基础搭建组织学习体系？

- 如何推广复盘并形成习惯？

第五单元　集体反思与交流

- 问题交流

- 集体反思：我如何应用复盘？

（注：另可辅助以咨询或辅导项目，促进复盘水平整体提升。）

说明：

本课程为企业内训课程，适合中高层管理团队共同学习、演练，既能以实际事件／活动进行复盘演练，又有助于达成共识、掌握共同的"管理语言"，促进组织能力的提升。

此外，邱昭良博士亦可为企业提供复盘能力提升系列培训课程（含系统思考、团队学习、知识萃取、学习型组织建设核心技能等）。

感兴趣的企业请邮件联络（email：info@cko.com.cn）。

扫描二维码，关注"CKO 学习型组织网"，回复"复盘培训"，获取更多信息。

复盘引导师认证

基于邱昭良博士多年实践、定义的复盘引导师的角色、职责

（参见第 7 章），复盘引导师需要具备一定的资质（条件、知识和技能），并需要经过系统的培养，也离不开持续的练习、精进。

　　为此，邱昭良博士可为企业提供专业的复盘引导师认证培养方案。

第一阶段　复盘方法论培训

　　方式：参照标准，选拔欲培养的复盘引导师，让其参加原创版权课程"复盘——把经验转化为能力"（2 天）。

　　目的：

- 了解复盘的本质、原理与精髓
- 理解复盘的应用范围与操作手法
- 明确复盘引导师的角色、职责与要求
- 掌握复盘引导的常用方法

　　标准：

- 正确认识复盘
- 完成团队复盘会议策划方案设计
- 按照指引，完成团队活动复盘引导
- 较为规范地使用复盘引导常用工具

第二阶段　复盘引导实践

　　方式：在 1 个月内，学员参照规范，设计并引导至少一次团队复盘活动。在此过程中，提供远程教练指导。

　　目的：

- 通过实践，加深对复盘的认识与理解

- 学以致用，练习团队复盘的策划与引导，掌握复盘引导的操作手法及常见的方法与工具
- 通过实战，对复盘引导有一手经验，发现问题和待改进之处

标准：

- 独立完成至少一次团队复盘引导（活动／事件）
- 提交复盘报告，完成对本次复盘的复盘

第三阶段　复盘引导高阶培训

方式： 参加"复盘引导高阶培训"工作坊（2 天）。

目的：

- 分享复盘引导实战经验，切磋、交流心得
- 共创复盘引导过程中常见问题的应对策略
- 通过学习与演练，巩固、提升复盘引导工具与方法的使用，掌握进阶技能
- 理解并掌握复盘引导的"内功心法"

标准：

- 交流、共创常见问题的对策
- 练习并提升复盘引导的技能
- 分享复盘引导实战心得

项目复盘、经营与战略复盘设计与引导

对于缺乏内部复盘引导师的企业来说，邱博士所在的北京学而管理咨询有限公司亦可为企业提供大型项目复盘、重要业务专项复盘以及经营与战略复盘的设计与引导服务。

欲了解详情，请扫描二维码，关注"CKO 学习型组织网"，回复"复盘引导"，获取更多信息。

网络学习资源

（1）关注微信公众号：CKO 学习型组织网（ID：ChinaCKO），回复"复盘"，获取更多　学习资料。

（2）访问中国学习型组织网（http://www.cko.cn）。

结　束　语

重在实践，以复盘来学习复盘

作为一种实操性很强的方法，复盘并不是什么高深莫测的理论，也没有花哨的招式。尽管本书中介绍了很多内容，每个企业的做法也不尽相同，但在我看来，复盘的价值重在实践、应用。

正如我个人的观察和体会：复盘的"手法"很简单，但要想做好并不易，不仅有一些"内功心法"，而且需要适宜的企业文化、领导者的支持与以身作则等诸多条件。此外，要想充分发挥复盘的价值，还要扩大复盘结果的影响，形成习惯与机制。

为此，不应把复盘当作一次性事件，偶尔为之，那样的话，复盘的效果会大打折扣。为了找到最适合你所在企业的做法，一种行之有效的做法是"以复盘来学习复盘"——先从局部或事件/活动复盘做起来，然后对复盘进行复盘，据此做出一些调整，再进行复盘……这样，通过复盘（实践）、对复盘的复盘，可以逐渐领悟复盘的精髓，找到最适合你所在机构的应用方式，让复盘真正为你所用。

善用互联网，加速复盘

与学习、商业、管理都受到互联网技术越来越广泛而深入的影响一样，在应用复盘时，也可以借助互联网技术，加速复盘。

现在，无所不在的便携智能设备和移动互联网络，让我们可以随时随地地在线，不仅更便利地彼此连接，也让信息的收集、管理、共享变得更简单便捷，从而为复盘的开展与利用提供了更好的条件。

第一，互联网让复盘更容易组织。虽然面对面研讨仍是团队复盘最理想的方式，但对于一些分散在各地、确实不好组织在一起的团队，可以通过电话会议、视频会议、以及安装在手机、笔记本电脑上的即时通信系统、社交软件等，随时随地参与研讨、交流、协同、共创。当然，如何克服在线研讨的局限，以及互联网对人们思考和投入的干扰，达到充分有效沟通的目的，也面临一定挑战。

第二，互联网让信息透明、更廉价，不仅可以更便利地利用手机记录下关键事件现场的视频、音频，而且可以从各方面获得参考资料，从而让团队更容易看到全局和真相，分析与思考的视角与格局也更加开阔。

第三，互联网让知识共享变得更容易。通过在线知识库，人们可以把团队的复盘结果共享出去，让分散在世界各地的团队在有需要的时候参考，极大地扩大了复盘的影响范围。

第四，互联网加快复盘的速度和更新。随着当今商业环境的快速变化，新技术、新产品、新商业模式层出不穷，企业要想生存，不能固守着以往的经验，必须与时俱进、锐意变革。因此，必须加快复盘的速度，及时复盘，而且在复盘时，更加注重创新、反思，以及复盘后的快速更新、迭代。

快速变化的时代，敏捷学习是唯一的制胜武器

正如达尔文所说：在剧烈变动的环境中，能够生存下来的不是最聪明的，也不是最强壮的，而是最灵活的。借用生态学的一个公式：L ≥ C，英国管理学家瑞文斯教授指出，一个有机体要想生存下来，其学习（L）的速度必须大于或至少等于环境变化（C）的速度。

当今时代，人们常用"VUCA"（也就是多变、不确定、复杂、模糊这四个英文单词的首字母）来形容全球商业与社会环境。毫无疑问，在这样的环境中，不学习，肯定是没有未来的；你的学习力慢于环境变化的速度，或者慢于你的竞争对手，你都可能会在激烈的市场竞争中"落伍"，甚至被淘汰。

因此，如何提升你的企业的组织学习敏捷度，无疑是企业生死存亡的关键课题。复盘作为一种有效的方法，若能被充分利用，必将发挥巨大的作用。

致　　谢

每一本书的出版都离不开一群人的共同努力，尤其是本书经两次修订，更是得到了很多朋友的鼎力支持。作为作者，我深深地感谢所有为这本书的诞生做出过努力的朋友！

感谢机械工业出版社的编辑们。作为资深出版人，他们不仅具有深刻的商业洞察力、丰富的策划与运作经验，而且为人谦逊、修为敦厚。感谢他们多年来对我的厚爱与大力支持！感谢本书责任编辑耐心、细致的工作。

感谢君联资本董事总经理、首席管理咨询顾问王建庆老师，联想控股人力资源部总经理、联想管理学院常务副院长高强先生。作为曾经的同事，他们不仅通读本书，给出了中肯的修改意见，而且为本书作序或推荐，让我倍感鼓舞。

感谢南开大学商学院院长、博士生导师白长虹教授为本书第3版作序。感谢我的博士导师、长江学者特聘教授、中国公司治理研究院院长李维安教授，北京大学光华管理学院副教授、博士生导师董小英老师，中国人民大学商学院院长助理、EMBA&高管培训中心主任邹宇峰先生为本书撰写推荐语。

感谢著名企业家、拉卡拉控股董事长孙陶然先生，他不仅积极倡导并践行复盘，还通读全书，为本书作序。感谢曾任大联想学院院长的孔庆斌先生，曾任京东、乐视企业大学校长的马成功先生，西南水泥有限公司白彦先生、孙卓新先生、张子斌先生，广东潮宏基珠宝股份有限公司廖创宾先生、龙慧妹女士、张秀玲女士，远洋地产孔繁琢先生、王冬梅女士，全国政协委员、国务院发展研究中心公共管理与人力资源研究所副所长李兰女士，曾任联想集团高级副总裁的王晓岩女士，领教工坊联合创始人肖知兴教授，腾讯学院院长马永武先生，中国银联支付学院院长付伟先生，如家管理大学校长包小阳先生，招商银行招银大学副总经理李晓欣女士，中国银行上海国际金融研修学院副院长章林先生，中国工商银行杭州金融研修院原副院长王晓波先生，华润集团人力资源部高级副总监、华润大学常务副校长刘立栋先生，正中投资集团有限公司总裁邓学勤先生，中国大连高级经理学院科研部（中国国有企业研究院）副主任、案例研究中心主任杨智伟先生，小米全国培训总监亓文凯先生，碳9学社创始人冯新先生，万国体育CEO张涛博士，他们为本书作序或推荐，积极实践并推广复盘。

感谢华为大学校长陈海燕女士，刘同舟先生、姚武先生、彭建玲女士、韩郁先生、焦云婷女士、赵启柱先生、曹玥女士、薛睿先生、吴海霞女士、尹艳华女士、郑娟娟女士、周静女士、邹丹女士，以及曾在华为工作的赵刚先生，等等，与他们合作多年、深入实践，让我也受益良多。

感谢伊利集团闫俊荣女士、郭宝东先生、唐巍先生，汉今国际刘绱先生、刘珲先生、林红女士，中国工商银行李宝权先生，东呈国际酒店程新华先生、凌云先生，大连南山私董会冬青女士，TCL彩电王成先生，TCL大学许芳女士，东风日产大学卢庆先生、巫田森先生，兴业银行段其伍先生，招商银行信用卡中心邱健女士，方太大学高旭升先生，施耐德王英女士，吉利大学魏梅女士，美团点评刘珊珊女士、郭佳奕女士、庞书婧女士，电建海外盛玉明董事长、韩国芬女士、杨玲女士，中国电信天翼学院张大海先生，正中集团邓学勤先生、朱玉梅女士，我爱我家杨溢先生，顺丰公司李丰先生，红沿河核电站李乃思先生，淡水泉赵军先生、王利刚先生，世茂旅游彭瑄璟女士，南德集团王卫杰先生，东方园林大学赵少宾先生，中科创星王燕晖女士，济南趋势集团谢然先生，这些坚定而睿智的复盘实践者，既展现了复盘的价值，也是复盘持续发展的动力。

感谢北京学而管理咨询有限公司副总经理崔玲女士，多年来对我的全力支持。感谢《培训》杂志原副主编常亚红先生，上海肯耐珂萨（KNX）郑淑爱女士、张红霞女士、田予苗先生、朱增梅女士，中人网何国玉女士、孙枫先生、夏文峰先生，上海复承雷冲女士，合得咨询陈永莎女士、肖晔女士，和君咨询丛龙峰博士、解浩然先生，CSTD生态圈创始人熊俊彬先生，上海驿学小得刘文彬先生、孟召营先生，秋叶先生，马梅女士、李晓知女士，传奇社周玲秀女士、白慧敏女士，王海兵、周自强、朱竹林、王红，原万达学院同事樊力越、周道华、卢旭、张华、王谋、张纮、戚午军、尚岩、于晓翔、李文波、于卫华、夏盈、陈晔等，以及宋铠教授、孟庆俊先生、任志宽教授、张玉利教授等，一直以来对我的厚爱与支持。

感谢我女儿邱鹏锦（Sunny Qiu）同学为本书第3版设计了封面。

尽管本书经过多次推敲、修改，很多地方也有大量实践的验证，但我相信，书中一定还存在诸多错误或不足之处。为此，我愿意求教于大家，如果你在实践中有任何问题、困惑或心得，欢迎和我联系。同时，我也会一如既往地秉承复盘精神，持续地实践、推广复盘这种方法，让其造福更多企业、更多人。

我的联系方式是：info@cko.com.cn

个人自媒体：CKO学习型组织网（ID：ChinaCKO）

参 考 文 献

[1] 邱昭良.如何系统思考 [M].北京：机械工业出版社，2018.

[2] 邱昭良.学习型组织新实践 [M].北京：机械工业出版社，2010.

[3] 邱昭良.系统思考实践篇 [M].北京：中国人民大学出版社，2009.

[4] 戴维 A.加尔文.学习型组织行动纲领 [M].邱昭良，译.北京：机械工业出版社，2004.

[5] 克里斯·科里逊，杰弗·帕塞尔.英国石油公司组织学习最佳实践 [M].李准，译.北京：机械工业出版社，2003.

[6] 美国陆军,美国领导交流协会.美国陆军领导力手册 [M].向妮，译.北京：中国社会科学出版社，2004.

[7] 丹尼斯·舍伍德.系统思考 [M].邱昭良，刘昕，译.北京：机械工业出版社，2007.

[8] 凯斯·万·德·黑伊登.情景规划（原书第 2 版）[M].邱昭良，译.北京：中国人民大学出版社，2007.

[9] 奥托·夏莫.U 型理论 [M].邱昭良，等译.北京：中国人民大学出版社，2008.

[10] 埃蒂纳·温格.实践社团：学习型组织知识管理指南 [M].边婧，译.北京：机械工业出版社，2003.

[11] 查尔斯·都希格.习惯的力量 [M].吴奕俊，等译.北京：中信出版社，2013.

[12] 大连万达商业地产股份有限公司.商业地产投资建设[M].北京：清华大学出版社，2013.

[13] 朱安妮塔·布朗，戴维·伊萨克.世界咖啡：创造集体智慧的汇谈方法[M].郝耀伟，译.北京：机械工业出版社，2010.

[14] 英格里德·本斯.引导：团队群策群力的实践指南[M].任伟，译.北京：电子工业出版社，2011.

[15] 迈克尔·史平多利尼.标杆学习[M].天龙，译.呼和浩特：远方出版社，1989.

[16] H 詹姆斯·哈里顿.标杆管理完全操作手册[M].杨燕绥，等译.北京：中国人民大学出版社，2005.

[17] Headquarters Department of the Army. A Leader's Guide to After-Action Reviews[R]. 1993.

邱昭良

管理学博士，高级经济师，中国学习型组织网创始人，国际组织学习协会会员、国际人才开发协会会员、美国项目管理协会会员、认证项目管理专家（PMP），中国企业大学联席会学术委员，《培训》杂志专家委员。

师从全国人大常务委员会原副委员长成思危、南开大学商学院原院长李维安教授，是我国最早研究和实践学习型组织与知识管理的专业人士之一；硕士和博士研究方向均为组织学习，博士论文得到管理学大师彼得·圣吉的指导，具有深厚的理论功底和专业造诣。

曾任联想控股董事长业务助理，万达学院副院长，北京学而管理咨询有限公司总裁、首席顾问，为中石化、中国航天、中粮、中国移动、中国银行、中国建材、华为、伊利、施耐德、美团等数百家公司提供学习型组织、知识管理、组织能力提升、流程优化等方面的咨询与培训服务。

著有《如何系统思考》《复盘 +：把经验转化为能力》

《学习型组织新实践》《学习型组织新思维》《系统思考实践篇》《玩转微课》《企业信息化的真谛》，译著包括《系统思考》《系统之美》《情景规划》《欣赏式探询》《U 型理论》《创建学习型组织 5 要素》《学习型组织行动纲领》《新社会化学习》《创新性绩效支持》等，并在国内多家知名专业报纸杂志上发表相关论文 100 余篇。

　　email：info@cko.com.cn

推荐阅读
邱昭良博士系列著作

不确定时代 个体与组织的学习进化指南
累计畅销超50万册

ISBN	书名	作者
978-7-111-60576-8	复盘+：把经验转化为能力（第3版）	邱昭良 著
978-7-111-65640-1	如何系统思考（第2版）	邱昭良 著
978-7-111-63107-1	知识炼金术：知识萃取和运营的艺术与实务	邱昭良 王谋 著
978-7-111-71008-0	知识炼金术（个人版）：成为领域专家的系统方法	邱昭良 著
978-7-111-73163-4	激活学习型组织	邱昭良 著

最新版

"日本经营之圣"稻盛和夫经营学系列

任正非、张瑞敏、孙正义、俞敏洪、陈春花、杨国安　联袂推荐

序号	书号	书名	作者
1	9787111635574	干法	【日】稻盛和夫
2	9787111590095	干法（口袋版）	【日】稻盛和夫
3	9787111599531	干法（图解版）	【日】稻盛和夫
4	9787111498247	干法（精装）	【日】稻盛和夫
5	9787111470250	领导者的资质	【日】稻盛和夫
6	9787111634386	领导者的资质（口袋版）	【日】稻盛和夫
7	9787111502197	阿米巴经营（实战篇）	【日】森田直行
8	9787111489146	调动员工积极性的七个关键	【日】稻盛和夫
9	9787111546382	敬天爱人：从零开始的挑战	【日】稻盛和夫
10	9787111542964	匠人匠心：愚直的坚持	【日】稻盛和夫 山中伸弥
11	9787111572121	稻盛和夫谈经营：创造高收益与商业拓展	【日】稻盛和夫
12	9787111572138	稻盛和夫谈经营：人才培养与企业传承	【日】稻盛和夫
13	9787111590934	稻盛和夫经营学	【日】稻盛和夫
14	9787111631576	稻盛和夫经营学（口袋版）	【日】稻盛和夫
15	9787111596363	稻盛和夫哲学精要	【日】稻盛和夫
16	9787111593034	稻盛哲学为什么激励人：擅用脑科学，带出好团队	【日】岩崎一郎
17	9787111510215	拯救人类的哲学	【日】稻盛和夫 梅原猛
18	9787111642619	六项精进实践	【日】村田忠嗣
19	9787111616856	经营十二条实践	【日】村田忠嗣
20	9787111679622	会计七原则实践	【日】村田忠嗣
21	9787111666547	信任员工：用爱经营，构筑信赖的伙伴关系	【日】宫田博文
22	9787111639992	与万物共生：低碳社会的发展观	【日】稻盛和夫
23	9787111660767	与自然和谐：低碳社会的环境观	【日】稻盛和夫
24	9787111705710	稻盛和夫如是说	【日】稻盛和夫
25	9787111718208	哲学之刀：稻盛和夫笔下的"新日本 新经营"	【日】稻盛和夫